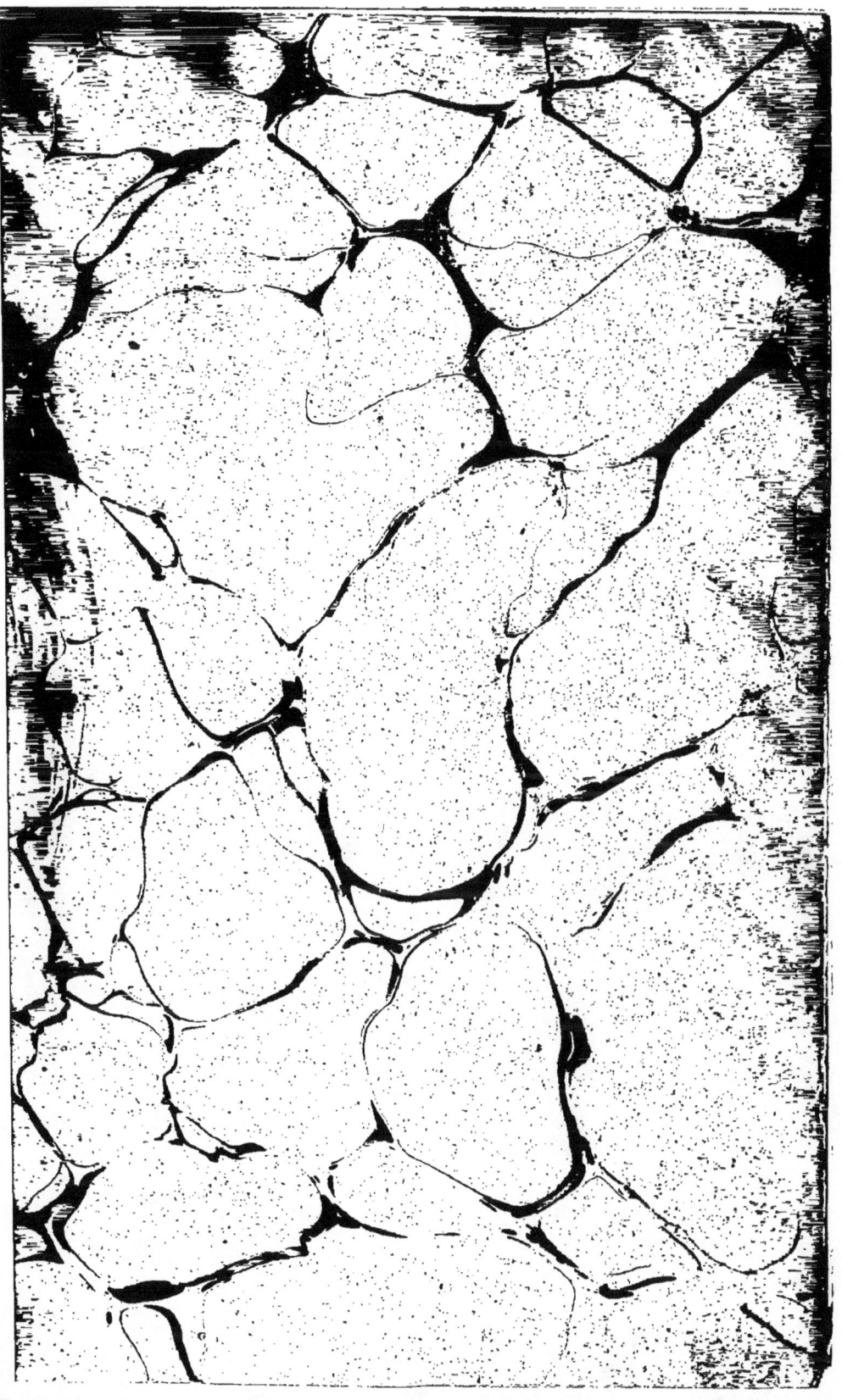

Dʳ V. ARNULPHY & J.-G. BOURGEAT

RESPIRATION TRANSCENDANTE

MÉTHODE
DE
CULTURE PSYCHIQUE

ART DE DÉVELOPPER EN SOI
DES POUVOIRS MERVEILLEUX ET CACHÉS
ET DE PROLONGER LA VIE
BIEN AU DELÀ DES LIMITES ORDINAIRES

PARIS
BIBLIOTHÈQUE UNIVERSELLE BEAUDELOT
36, Rue du Bac, 36

BRUXELLES
J. LEBÈGUE & Cⁱᵉ, ÉDITEURS
46, Rue de la Madeleine

1908
Tous droits réservés

RESPIRATION TRANSCENDANTE

MÉTHODE DE CULTURE PSYCHIQUE

OUVRAGES DU Dr Victor ARNULPHY

La Santé par la Science de la Respiration.

Thérapeutique respiratoire nouvelle. — Organes de la respiration et leur fonctionnement; Respiration exotérique; Faut-il dormir la fenêtre ouverte; Respiration ésotérique; Thérapeutique respiratoire; 12 exercices de respiration.

OUVRAGES DE M. Jean-Gaston BOURGEAT

La Magie (nouvelle édition). — Magie; Exotérisme et Ésotérisme; L'Homme; L'Univers; Dieu et le Démon; le Plan Astral; les Élémentals et les Élémentaires; la Mort, ses mystères; l'Au-Delà; les Sorciers; l'Envoûtement; l'Avenir; le Tarot; Astrologie; Moyen facile de prophétiser les événements d'une année; Évocations dangereuses; la Messe noire.

Le Tarot (nouvelle édition). — Aperçu historique; Signification des vingt-deux arcanes majeurs et des vingt-deux premiers nombres; Signification des cinquante-six arcanes mineurs; de l'Interprétation; de la Manière d'opérer pour obtenir des oracles; la Colombe; l'Épervier; les Perles d'Isis; Méthode des Gitanes. — Le tout suivi de 84 exemples en tableaux. — Ouvrage illustré par l'auteur.

Dʳ V. ARNULPHY & J.-G. BOURGEAT

RESPIRATION TRANSCENDANTE

MÉTHODE DE CULTURE PSYCHIQUE

ART DE DÉVELOPPER EN SOI
DES POUVOIRS MERVEILLEUX ET CACHÉS
ET DE PROLONGER LA VIE
BIEN AU DELA DES LIMITES ORDINAIRES

PARIS
BIBLIOTHÈQUE UNIVERSELLE BEAUDELOT
36, Rue du Bac, 36

BRUXELLES
J. LEBÈGUE & Cⁱᵉ, ÉDITEURS
46, Rue de la Madeleine

1908
Tous droits réservés

PRÉAMBULE

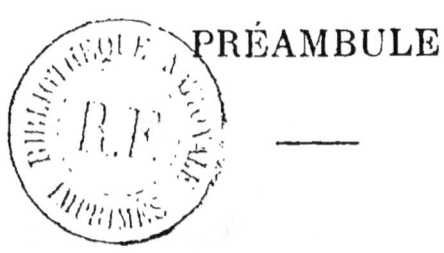

Nous avons annoncé que cet ouvrage, ne pouvant pas être mis dans toutes les mains, ne serait pas mis en vente dans le Commerce, et qu'il ne serait délivré qu'aux personnes qui nous le demanderaient directement et qui souscriraient à certaines conditions.

Nous disions, en outre, qu'il serait divisé en plusieurs fascicules dont chacun marquerait un échelon plus élevé dans la puissance psychique.

Après mûre réflexion nous avons décidé de tout résumer en un seul volume.

Nous avons modifié le plan de notre MÉTHODE, *de manière à ce qu'elle ne soit pas une arme à double tranchant, qu'elle ne puisse servir que la cause du Bien.*

Dès lors au lieu de conditions restrictives, il nous était permis de donner à notre œuvre toute la publicité désirable, afin que la bonne semence qu'elle contient puisse être répandue à profusion.

Notre Méthode est divisée en huit leçons: une leçon préparatoire et sept leçons proprement dites. Cha-

cune marque un degré plus avancé dans l'évolution psychique.

Nous conseillons à nos lecteurs de suivre et de pratiquer très patiemment, sans se presser, les exercices respiratoires en les combinant toujours avec les exercices psychiques, et d'organiser leurs occupations journalières de manière à trouver le temps nécessaire à leur culture psychique.

Sans ces dispositions rigoureusement prises, on ne trouvera jamais le temps voulu pour pratiquer les exercices; alors on perd patience et on abandonne la partie, bien qu'on en comprenne toute l'importance.

Nous sommes à la disposition des personnes qui désireraient avoir des éclaircissements sur la manière de pratiquer les exercices, et nous les prions de joindre à leur demande une enveloppe affranchie portant leur propre adresse.

Il leur sera aussitôt donné satisfaction.

Voici nos adresses respectives :

Docteur Victor ARNULPHY.
58, Avenue de la Gare, Nice.

M. Gaston BOURGEAT.
Villa Bourgeat, quartier Mantega, Nice.

PRÉFACE

« *Voir Dieu face à face, sans mourir, et converser familièrement avec les sept génies qui commandent à toute la milice céleste.*

« *Être au-dessus de toutes les afflictions et de toutes les craintes.*

« *Régner avec tout le ciel et se faire servir par toutes les forces élémentaires.*

« *Disposer de sa santé et de sa vie et pouvoir également disposer de celle des autres.*

« *Ne pas être surpris par l'infortune, ni accablé par les désastres, ni vaincu par ses ennemis.*

« *Savoir la raison du passé, du présent et de l'avenir.*

« *Avoir le secret de la résurection des morts et la clef de l'immortalité.*

« *Tels sont les privilèges et les pouvoirs de celui qui tient en sa main droite les clavicules de Schlomoh, et dans la gauche la branche d'amandier fleuri* ».

*Ainsi s'exprime le maître Eliphas Lévi dans son
« Dogme de la Haute Magie ».*

Toutefois le Grand Kabbaliste n'a fait que conduire l'adepte au seuil du sanctuaire, au seuil du mystérieux Arcane II du Tarot (1), mais ne lui a pas donné la clef d'or du tabernacle.

Les ténèbres épaisses se sont refermées sur l'étincelle lumineuse qui, dans un instant rapide, avait déchiré leur flanc, et le voile du temple est retombé plus lourd et plus impénétrable que jamais.

Ce qu'Eliphas a craint de mettre en lumière, nous, modestes artisans de l'œuvre Divine, nous n'hésiterons pas à le faire. L'éclair va briller, le ciel apparaître, les tombeaux s'ouvrir, le Céleste gardien de l'Arbre de vie verra son épée de feu se briser dans ses mains, et cet arbre resplendira, avec ses fruits merveilleux, dans un décor éblouissant.

Chérubs ! voilez-vous de vos ailes !... l'Arche sainte ouvre ses portes ! l'Arche sainte livre son Dieu !

Nos leçons seront simples et brèves ; nous en avons écarté tout ce qui pourrait paraître obscur ou équivoque.

Nous ajouterons qu'il serait puéril de croire que cette

---

(1) *Le Tarot*, par J.-G. BOURGEAT. — Chacornac, Editeur, Paris.

Puissance *peut s'acquérir sans efforts ; bien au contraire : ce n'est que par une foi robuste, une volonté irrésistible, une persévérance à toute épreuve, que l'adepte peut s'acheminer lentement vers le royaume de la lumière.*

Notre but est la régénération physique et psychique de l'élite de l'espèce humaine ; le secret de retourner sans mourir à la Source-Principe *d'où nous sommes émanés, et, comme Élie le prophète, de voyager sur un char de feu à travers l'immensité des espaces.*

Puisse le Ciel nous inspirer et bénir nos efforts, car nous n'avons en vue que le Bien, rien que le Bien, et encore le Bien.

Dr Victor ARNULPHY et Jean-Gaston BOURGEAT.

Nice 1907.

RESPIRATION TRANSCENDANTE

MÉTHODE DE CULTURE PSYCHIQUE

PREMIÈRE PARTIE

MÉTHODE DE CULTURE PSYCHIQUE

CHAPITRE PREMIER

**La Trinité humaine. — Le But de la Vie.
La Maison du Père.**

L'homme est composé de trois principes :
Le corps physique ou principe matériel.
Le corps astral ou principe semi-matériel.
L'esprit directeur ou principe spirituel.
Le corps physique est formé de matière.
Le corps astral est une émanation de l'âme de la planète.
L'esprit directeur est une émanation de Dieu ; c'est l'âme proprement dite.

Le corps astral est le suprême foyer d'énergie ; il se manifeste comme vie en jouant sur les organes du corps physique.

L'âme est simple, pure et immortelle.
Elle s'allie au corps astral et au corps physique

pour former *un être*, et les vies successives n'ont d'autre but que son éducation. L'être devra donc, dans ses vies, expérimenter toutes les joies comme aussi toutes les souffrances; soulever le voile de la nature et la sonder jusque dans ses plus mystérieuses profondeurs afin de pouvoir, étant arrivé au summum de la connaissance, se réintégrer en Dieu tout en conservant la conscience de sa propre personnalité.

Le corps matériel est l'instrument sur lequel jouent le corps astral (1) et l'âme.

A l'aide des sens l'âme entre en relation avec le monde extérieur.

Sans le corps toute éducation de l'âme devient impossible, comme aussi la divinité qu'elle contient en mode potentiel ne peut se manifester. De même que l'art existe dans l'ambiance, il ne devient perceptible que par l'intermédiaire de l'artiste qui, lui-même, a besoin d'un instrument pour le réaliser. Quand l'instrument est usé l'artiste le rejette. Ainsi quand le corps ne répond plus à sa fin, l'âme s'en dégage, et alors se produit le phénomène de la mort. L'âme donc, liée au corps astral sa demeure, sa raison d'être (2),

---

(1) Nous l'entendons en tant qu'*Énergie*.
(2) Si l'âme se dégageait de l'Astral, elle s'anéantirait dans

et dépouillée de son enveloppe matérielle, se plonge dans les *ténèbres extérieures*, dans ce plan astral qui est l'espace interplanétaire. C'est alors qu'a lieu, pour elle, le cauchemar ou l'extase : morsure de Lucifer ou baiser de la Vierge.

Pourtant, obéissant à la *Loi*, la fille du *Principe* se représente bientôt *aux portes des enfers*; comme un puissant aimant, des organes mystérieux l'attirent. Elle tombe dans le gouffre aimanté d'où elle ne sortira qu'avec un vêtement d'argile. . . . .
. . . .

La maison du *Père* est immense comme le *Père* lui-même. Elle est sans limites.

Elle est un cercle dont le centre est partout, la circonférence nulle part. . . . . Nous savons que la lumière parcourt 80.000 lieues par seconde. Supposons-nous assis sur un char attelé à un rayon de lumière. Si nous le pouvons, représentons-nous la vitesse fabuleuse avec laquelle nous voyageons ! Regardons le fantastique paysage qui se déroule à nos yeux éblouis : une poussière de diamants nous entoure, les comètes fusent, les nébuleuses tourbillon-

---

le *Principe ;* le but serait manqué ; ce serait l'avortement de l'œuvre divine.

nent, les soleils ruissellent, les mondes succèdent aux mondes, et de nouveaux mondes apparaissent toujours, derrière lesquels d'autres mondes se montrent encore !...

Figurons-nous, maintenant, l'existence d'une boule d'airain de la grosseur de la terre. Admettons que cette boule ne soit visitée que par une minuscule araignée qui, tous les cent mille ans, vienne en faire le tour... eh bien ! la boule d'airain serait usée, alors que notre voyage dans la maison du *Père* ne ferait que commencer !

CHAPITRE II

La Matière Émanation de Dieu. — Co-Éternité de la Matière. — Balzac et la Divinité. — Fragment de « Séraphita ».

De même que l'âme humaine, la matière est une émanation de Dieu; la matière est donc co-éternelle. Le mot créer ne signifie rien ; bien plus, il constitue la plus violente ineptie que jamais cerveau humain ait enfantée. Soupçonner Dieu d'avoir tiré du néant l'univers, c'est le charger d'un acte absurde ; c'est choir dans les abîmes de l'illogisme : de rien, on ne tire rien. C'est un axiome.

De toute éternité existe la matière indifférenciée, dont Dieu est le principe ordonnateur. Les lois de Dieu sont éternelles comme lui-même : la matière subtile se réunissant autour d'un centre donne naissance à la nébuleuse qui enfantera les soleils ; les soleils enfanteront les planètes, et les planètes les êtres.

La matière est divine, et tout corps organisé contient une âme susceptible de développement.

Ce que nous nommons âme de la planète, c'est l'énergie vitale, proprement dite, employant la matière inerte à l'organisation des formes.

La mythologie grecque avait peuplé de dieux le ciel, la terre et les enfers. Les plantes, les animaux, les hommes, les astres eux-mêmes devinrent des divinités. Les phénomènes de la nature furent personnifiés. L'Aurore, jeune déesse, ouvrait tous les matins les portes de l'Orient au char d'Apollon. La lune était la blonde Phébé ou la chaste Diane. La brise n'était autre que le doux baiser des zéphirs sous lequel les fleurs frissonnantes et troublées inclinaient leurs corolles.

On le devine aisément, la fable avait pressenti une parcelle de la vérité à laquelle la poésie avait prêté un corps.

Les panthéistes psychologiques qui donnent au monde une âme : Dieu. Les panthéistes de l'école éléatique qui voient en Dieu et l'univers le même être. Les panthéistes ontologiques de l'école de Spinosa qui ne reconnaissent qu'une substance éternelle se manifestant ici par la pensée, là par l'étendue, etc., côtoient la vérité sans cependant la découvrir.

L'illustre écrivain Balzac, dans de fort belles pages s'est approché de la vérité jusqu'à la frôler de son souffle puissant. Nous ne pouvons résister au désir de rappeler ces pages au lecteur, car la philosophie qui s'en dégage entre dans le champ de notre étude.

« Abandonnons les discussions creusées sans fruit par de fausses philosophies (1). Les générations spiritualistes n'ont pas fait moins de vains efforts pour nier la matière que n'en ont tenté les générations matérialistes pour nier l'esprit. Pourquoi ces débats ? L'homme n'offrait-il pas à l'un et à l'autre système des preuves irrécusables ? Ne se rencontre-t-il pas en lui des choses matérielles et des choses spirituelles ? Un fou seul peut se refuser à voir un fragment de matière dans le corps humain ; en le décomposant, nos sciences naturelles y trouvent peu de différence entre ses principes et ceux des autres animaux. L'idée que produit en l'homme la comparaison de plusieurs objets ne semble non plus à personne être dans le domaine de la matière. Ici, je ne me prononce pas, il s'agit de vos dou-

(1) H. DE BALZAC : *Séraphita*.

tes et non de mes certitudes. A vous, comme à la plupart des penseurs, les rapports que vous avez la faculté de découvrir entre les choses dont la réalité vous est attestée par vos sensations ne semblent point devoir être matériels. L'univers naturel des choses et des êtres se termine donc en l'homme par l'univers surnaturel des similitudes ou des différences qu'il aperçoit entre les innombrables formes de la nature, relations si multipliées, qu'elles paraissent infinies; car, si, jusqu'à présent nul n'a pu dénombrer les seules créations terrestres, quel homme pourrait en énumérer les rapports? La fraction que vous en connaissez n'est-elle pas à leur somme totale comme un nombre est à l'infini? Ici, vous tombez déjà dans la perception de l'infini, qui, certes, vous fait concevoir un monde purement spirituel. Ainsi l'homme présente une preuve suffisante de ces deux modes, la matière et l'esprit. En lui vient aboutir un univers visible fini; en lui commence un univers invisible et infini, deux mondes qui ne se connaissent pas : les cailloux du fiord ont-ils l'intelligence de leurs combinaisons, ont-ils la conscience des couleurs qu'ils présentent aux yeux de l'homme, entendent-ils la musique des flots qui les caressent? Franchissons, sans le sonder, l'abîme que nous offre l'union d'un univers matériel et d'un univers spirituel, une création visible, pondérable, tangible, terminée par une création intangible, invisible, impondérable; toutes deux complètement dissemblables, séparées par le néant, réunies par des accords incontestables, rassemblées dans un être qui tient et de l'une et de l'autre! Confondons en un seul monde ces deux mondes inconciliables pour vos philosophies et conciliés par le fait. Quelque abstraite que l'homme la suppose, la relation qui lie deux choses entre elles comporte une empreinte. Où? Sur quoi? Nous n'en sommes pas à rechercher à quel point de subtilisation peut arriver la matière. Si telle était la question, je ne vois pas pourquoi celui qui a cousu par des rapports physiques les astres à d'incommensurables distances pour s'en faire un voile, n'aurait pu créer des substances pensantes, ni pourquoi vous lui interdiriez la faculté de donner un corps à la pensée!

« Donc, votre invisible univers moral et votre visible univers physique constituent une seule et même matière. Nous ne séparons point les propriétés et les corps, ni les objets et les rapports. Tout ce qui existe, ce qui nous presse et nous accable au-dessus, au-dessous de nous, devant nous, en nous; ce que nos yeux et nos esprits aperçoivent, toutes ces choses nommées et innomées composeront, afin d'adapter le problème de la création à la mesure de votre logique, un bloc de matière fini; s'il était infini, Dieu n'en serait plus le maître. Ici, selon nous, cher pasteur, de quelque façon que l'on veuille mêler un Dieu infini à ce bloc de matière fini, Dieu ne saurait exister avec les attributs dont il est investi par l'homme; en le demandant aux faits, il est nul; en le demandant au raisonnement, il sera nul encore; spirituellement et matériellement, Dieu devient impossible. Écoutons le verbe de la raison humaine pressée dans ses dernières conséquences.

« En mettant Dieu face à face avec ce grand tout, il n'est entre eux que deux états possibles.

« La matière et Dieu sont contemporains, ou Dieu préexistait seul à la matière. En supposant la raison qui éclaire les races humaines, depuis qu'elles vivent, amassées dans une seule tête, cette tête gigantesque ne saurait inventer une troisième façon d'être, à moins de supprimer matière et Dieu. Que les philosophies humaines entassent des montagnes de mots et d'idées, que les religions accumulent des images et des croyances, des révélations et des mystères, il faut en venir à ce terrible dilemme et choisir entre les deux propositions qui le composent; mais vous n'avez pas à opter : l'une et l'autre conduisent la raison humaine au doute. Le problème étant ainsi posé, qu'importent l'esprit et la matière ? Qu'importe la marche des mondes dans un sens ou dans un autre, du moment que l'être qui les mène est convaincu d'absurdité ? A quoi bon chercher si l'homme s'avance vers le ciel ou s'il en revient, si la création s'élève vers l'esprit ou descend vers la matière, dès que les mondes interrogés ne donnent aucune réponse ? Que signifient les théogonies et leurs armées, que signifient les théologies et leurs dogmes, du moment que, quel que soit le choix de l'homme entre les deux faces du problème, son Dieu n'est plus ? Parcourons la première, supposons Dieu contemporain de la matière. Est-ce être Dieu que de subir l'action ou la co-existence d'une substance étrangère à la sienne ? Dans ce système, Dieu ne devient-il pas un agent secondaire obligé d'organiser la matière ? Qui l'a contraint ?

« Entre sa grossière compagne et lui, qui fut l'arbitre ?

« Qui a donc payé le salaire des six journées imputées à ce grand artiste ? S'il s'était rencontré quelque force déterminante qui ne fût ni Dieu ni la matière, en voyant Dieu tenu de fabriquer la machine des mondes, il serait aussi ridicule de l'appeler Dieu que de nommer citoyen de Rome l'esclave envoyé pour tourner une meule.

D'ailleurs, il se présente une difficulté tout aussi peu soluble pour cette raison suprême qu'elle l'est pour Dieu. Reporter le problème plus haut, n'est-ce pas agir comme les Indiens, qui placent le monde sur une tortue, la tortue sur un éléphant, et qui ne peuvent dire sur quoi reposent les pieds de leur éléphant ? Cette volonté suprême, jaillie du combat de la matière et de Dieu, ce Dieu plus que Dieu peut-il être demeuré pendant une éternité sans vouloir ce qu'il a voulu, en admettant que l'éternité puisse se scinder en deux temps ?

« N'importe où soit Dieu, s'il n'a pas connu sa pensée postérieure, son intelligence intuitive ne périt-elle point ? Qui donc aurait raison entre ces deux éternités ? Sera-ce l'éternité incréée ou l'éternité créée ? S'il a voulu de tout temps le monde tel qu'il est, cette nouvelle nécessité, d'ailleurs en harmonie avec l'idée d'une souveraine intelligence, implique la co-éternité de la matière. Que la matière soit co-éternelle par une volonté divine nécessairement semblable à elle-même en tout temps, ou que la matière soit co-éternelle par elle-même, la puissance de Dieu devant être absolue, périt avec son libre arbitre ; il trouverait toujours en lui une raison déterminante qui l'aurait dominé. Est-ce être Dieu que de ne pas plus pouvoir se séparer de sa création dans une postérieure que dans une antérieure éternité? Cette face du problème est donc insoluble dans sa cause?

« Examinons-la dans ses effets. Si Dieu, forcé d'avoir créé le monde de toute éternité, semble inexplicable, il l'est tout autant dans la perpétuelle cohésion avec son œuvre; Dieu, contraint de vivre éternellement uni à sa création, est tout aussi ravalé que dans sa première condition d'ouvrier. Concevez-vous un Dieu qui ne peut pas plus être indépendant que dépendant de son œuvre? Peut-il la détruire sans se récuser lui-même? Examinez, choisissez. Qu'il la détruise un jour, qu'il ne la détruise jamais, l'un ou l'autre terme est fatal aux attributs sans lesquels il ne saurait exister. Le monde est-il un essai, une forme périssable dont la destruction aura lieu? Dieu ne serait-il pas inconséquent et impuissant? Inconséquent: ne devait-il pas voir le résultat avant l'expérience, et pourquoi tarde-t-il à briser ce qu'il brisera? Impuissant: devait-il créer un monde imparfait? Si la création imparfaite dément les facultés que l'homme attribue à Dieu, retournons alors à la question: supposons la création parfaite.

« L'idée est en harmonie avec celle d'un Dieu souverainement intelligent qui n'a dû se tromper en rien ; mais alors pourquoi la dégradation ? Pourquoi la régénération ? Puis le monde parfait est nécessairement indestructible, ses formes ne doivent point périr ; le monde n'avance ni ne recule jamais, il roule dans une éternelle circonférence d'où il ne sortira point. Dieu sera donc dépendant de son œuvre ; elle lui est donc co-éternelle, ce qui fait revenir l'une des propositions qui attaquent le plus Dieu. Imparfait, le monde admet une marche, un progrès ; mais, parfait, il est stationnaire.

« S'il est impossible d'admettre un Dieu progressif ne sachant pas de toute éternité le résultat de sa création, Dieu stationnaire existe-t-il ? N'est-ce pas le triomphe de la matière ? N'est-ce pas la plus grande de toutes les négations ?

« Dans la première hypothèse, Dieu périt par faiblesse ; dans la seconde, il périt par la puissance de son inertie. Ainsi, dans la conception comme dans l'exécution des mondes, pour tout esprit de bonne foi, supposer la matière contemporaine de Dieu, c'est vouloir nier Dieu. Forcées de choisir pour gouverner les nations entre les deux faces du problème, des générations entières de grands penseurs ont opté pour celle-ci.

« De là le dogme des deux principes du magisme, qui de l'Asie a passé en Europe sous la forme de Satan combattant le Père éternel. Mais cette formule religieuse et les innombrables divinisations qui en dérivent ne sont-elles pas des crimes de lèse-majesté divine ? De quel autre nom appeler la croyance qui donne à Dieu pour rival une personnification du mal se débattant éternellement sous les efforts de son omnipotente intelligence sans aucun triomphe possible ? Votre statique dit que deux forces ainsi placées s'annulent réciproquement.

« Vous vous retournez vers la deuxième face du problème ? Dieu préexistait seul, unique.

« Ne reproduisons pas les argumentations précédentes, qui reviennent dans toute leur force relativement à la scission de l'éternité en deux temps, le temps incréé, le temps créé. Laissons également les questions soulevées par la marche ou l'immobilité des mondes, contentons-nous des difficultés inhérentes à ce second thème. Si Dieu préexistait seul, le monde est émané de lui, la matière fut alors tirée de son essence. Donc plus de matière ! toutes les formes sont des voiles sous lesquels se cache l'esprit divin. Mais alors le monde est éternel, mais alors le monde est Dieu ! Cette proposition n'est-elle pas encore plus fatale que la précédente aux attributs donnés à Dieu par la raison humaine ? Sortie du sein de Dieu, toujours unie à lui, l'état actuel de la matière est-il explicable ? Comment croire que le Tout-Puissant, souverainement bon dans son essence et dans ses facultés ait engendré des choses qui lui sont dissemblables, qu'il ne soit pas en tout et partout semblable à lui-même ? Se trouvait-il donc en lui des parties mauvaises desquelles il se serait un jour débarrassé ? Conjecture moins offensante ou ridicule que terrible, en ce qu'elle ramène en lui ces deux principes que la thèse précédente prouve être inadmissible. Dieu doit être Un, il ne peut se scinder sans renoncer à la plus importante de ses conditions. Il est donc impossible d'admettre une fraction de Dieu qui ne soit pas Dieu ? Cette hypothèse parut tellement criminelle à l'Eglise romaine, qu'elle a fait un article de foi de l'omniprésence dans les moindres parcelles de l'Eucharistie. Comment alors supposer une intelligence omnipotente qui ne triomphe pas ? Comment l'adjoindre, sans un triomphe immédiat, à la nature ? Et cette nature cherche, combine, refait, meurt et renaît ; elle s'agite encore plus quand elle crée que quand tout est en fusion ; elle souffre, gémit, ignore, dégénère, fait le mal, se trompe, s'abolit, disparaît, recommence. Comment justifier la méconnaissance presque générale du principe divin ? Pourquoi la mort ? Pourquoi le génie du mal, ce roi de la terre, a-t-il été enfanté par un Dieu souverainement bon dans son essence et dans ses facultés, qui n'a rien dû produire que de conforme à lui-même ?

« Mais, si, de cette conséquence implacable qui nous conduit tout d'abord à l'absurde, nous passons aux détails, quelle fin pouvons-nous assigner au monde ? Si tout est Dieu, tout est réciproquement effet et cause ; ou plutôt il n'existe ni cause ni effet : tout est un comme Dieu, et vous n'apercevez ni point de départ ni point d'arrivée. La fin réelle serait-elle une rotation de la matière qui va se subtilisant ?

« En quelque sens, qu'il se fasse, ne serait-ce pas un jeu d'enfant que le mécanisme de cette matière sortie de Dieu, retournant à Dieu ? Pourquoi se ferait-il grossier ? Sous quelle forme Dieu est-il le plus Dieu ? Qui a raison, de la matière ou de l'esprit, quand aucun des deux modes ne saurait avoir tort ? Qui peut reconnaître Dieu dans cette éternelle industrie dans laquelle il se partagerait lui-même en deux natures dont l'une ne sait rien et l'autre sait tout ? Concevez-vous Dieu s'amusant de lui-même sous forme d'homme, riant de ses propres efforts, mourant vendredi pour renaître dimanche, et continuant cette plaisanterie dans les siècles des siècles, en en sachant de toute éternité la fin ? Ne se disant rien à lui Créature, de ce qu'il fait lui Créateur ? Le Dieu de la précédente hypothèse, ce Dieu si nul par la puissance de son inertie, semble plus possible, s'il fallait choisir dans l'impossible, que ce Dieu si stupidement rieur qui se fusille lui-même quand deux portions de l'humanité sont en présence, les armes à la main. Quelque comique que soit cette suprême expression de la seconde face du problème, elle fut adoptée par la moitié du genre humain chez les nations qui se sont créé de riantes mythologies. Ces amoureuses nations étaient conséquentes : chez elles, tout était Dieu, même la peur et ses lâchetés, même le crime et ses bacchanales. En acceptant le panthéisme, la religion de quelques grands génies humains, qui sait de quel côté se trouve alors la raison ? Est-elle chez le sauvage libre dans le désert, vêtu dans sa nudité, sublime et toujours juste dans ses actes quels qu'ils soient, écoutant le soleil, causant avec la mer ?

« Est-elle chez l'homme civilisé qui ne doit ses plus grandes jouissances qu'à des mensonges, qui tord et presse la nature pour se mettre un fusil sur l'épaule, qui a usé son intelligence pour avancer l'heure de sa mort et pour créer des maladies dans tous ses plaisirs ?

« Quand le râteau de la peste ou le soc de la guerre, quand le génie des déserts a passé sur un coin du globe en y effaçant tout, qui a eu raison du sauvage de Nubie ou du patricien de Thèbes ? Vos doutes descendent de haut en bas. Ils embrassent tout, la fin comme les moyens. Si le monde physique semble inexplicable, le monde moral prouve donc encore plus contre Dieu. Où est alors le progrès ? Si tout va se perfectionnant, pourquoi mourons-nous enfants ? Pourquoi les nations au moins ne se perpétuent-elles pas ? Le monde issu de Dieu, contenu en Dieu, est-il stationnaire ? Vivons-nous une fois ? Vivons-nous toujours ? Si nous vivons une fois, pressés par la marche du Grand Tout dont la connaissance ne nous a pas été donnée, agissons à notre guise ! Si nous sommes éternels, laissons faire ! La création peut-elle être coupable d'exister au moment des transitions ! Si elle pèche à l'heure d'une grande transformation, en sera-t-elle punie après en avoir été la victime ?

« Que devient la bonté divine en ne nous mettant pas immédiatement dans les régions heureuses, s'il en existe ? Que devient la prescience de

Dieu, s'il ignore le résultat des épreuves auxquelles il nous soumet ? Qu'est cette alternative présentée à l'homme par toutes les religions d'aller bouillir dans une chaudière éternelle, ou de se promener en robe blanche, une palme à la main, la tête ceinte d'une auréole ? Se peut-il que cette invention païenne soit le dernier mot d'un Dieu.

« Quel esprit généreux ne trouve d'ailleurs indigne de l'homme et de Dieu la vertu par le calcul, qui suppose une éternité de plaisirs offerte par toutes les religions à qui remplit, pendant quelques heures d'existence, certaines conditions bizarres et souvent contre nature ? N'est-il pas ridicule de donner des sens impétueux à l'homme et de lui en interdire la satisfaction ! D'ailleurs, à quoi bon ces maigres objections quand le bien et le mal sont également annulés ? Le mal existe-t-il ? Si la substance dans toutes ses formes est Dieu, le mal est Dieu.

« La faculté de raisonner aussi bien que la faculté de sentir étant donnée à l'homme pour en user, rien n'est plus pardonnable que de chercher un sens aux douleurs humaines, et d'interroger l'avenir ; si ces raisonnements droits et rigoureux amènent à conclure ainsi, quelle confusion !

« Ce monde n'aurait donc nulle fixité : rien n'avance et rien ne s'arrête, tout change et rien ne se détruit, tout revient après s'être réparé ; car, si notre esprit ne vous démontre pas rigoureusement une fin, il est également impossible de démontrer l'anéantissement de la moindre parcelle de matière : elle peut se transformer, mais non s'anéantir. Si la force aveugle donne gain de cause à l'athée, la force intelligente est inexplicable ; car émanée de Dieu, doit-elle rencontrer des obstacles, son triomphe ne doit-il pas être immédiat ?

« Où est Dieu ? Si les vivants ne l'aperçoivent pas, les morts le trouveront-ils ? Ecroulez-vous, idolâtries et religions ! Tombez, trop faibles clefs de toutes les voûtes sociales qui n'avez retardé ni la chute, ni la mort, ni l'oubli de toutes les nations passées, quelque fortement qu'elles se fussent fondées ! Tombez, morales et justices ! nos crimes sont purement relatifs, c'est des effets divins dont les causes ne nous sont pas connues ! Tout est Dieu. Ou nous sommes Dieu, ou Dieu n'est pas ! Enfant d'un siècle dont chaque année a mis sur ton front la glace de ses incrédulités, vieillard ! Voici le résumé de tes sciences et de tes longues réflexions. Cher Monsieur Becker, vous avez posé la tête sur l'oreiller du doute en y trouvant la plus commode de toutes les solutions, agissant ainsi comme la majorité du genre humain, qui se dit : « Ne pensons plus à ce problème, du moment que Dieu ne nous a pas fait la grâce de nous octroyer une démonstration algébrique pour le résoudre, tandis qu'il nous a tant accordé pour aller sûrement de la terre aux astres. » Ne sont-ce pas vos pensées intimes ? Les ai-je éludées ? Ne les ai-je pas, au contraire, nettement accusées ? Soit le dogme des deux principes, antagonisme où Dieu périt par cela même que, tout-puissant, il s'amuse à combattre, soit l'absurde pantheisme où, tout étant Dieu, Dieu n'est plus, ces deux sources, d'où découlent les religions au triomphe desquelles s'est employée la terre, sont également pernicieuses.

Voici jetée entre nous, la hache à double tranchant avec laquelle vous coupez la tête à ce vieillard blanc intronisé par vous sur des nuées peintes. Maintenant, à moi la hache !

. . . .

« Croire, c'est sentir. Pour croire en Dieu, il faut sentir Dieu. Ce sens est une propriété lentement acquise par l'être, comme s'acquièrent les étonnants pouvoirs que vous admirez dans les grands hommes, chez les guerriers, les artistes et les savants, chez ceux qui savent, chez ceux qui produisent, chez ceux qui agissent. La pensée, faisceau des rapports que vous apercevez entre les choses, est une langue intellectuelle qui s'apprend, n'est-ce pas ? La croyance, faisceau des vérités célestes, est également une langue, mais aussi supérieure à la pensée que la pensée est supérieure à l'instinct. Cette langue s'apprend. Le croyant répond par un seul cri, par un seul geste; la foi lui met aux mains une épée flamboyante avec laquelle il tranche, il éclaire tout.

« Le voyant ne redescend pas du ciel, il le contemple et se tait. Il est une créature qui croit et voit, qui sait et peut, qui aime, prie et attend. Résignée, aspirant au royaume de la lumière, elle n'a ni le dédain du croyant, ni le silence du voyant; elle écoute et répond. Pour elle, le doute des siècles ténébreux n'est pas une arme meurtrière, mais un fil conducteur; elle accepte le combat sous toutes ses formes; elle plie sa langue à tous les langages; elle ne s'emporte pas, elle plaint; elle ne condamne ni ne tue personne, elle sauve et console ; elle n'a pas l'acerbité de l'agresseur, mais la douceur et la ténuité de la lumière qui pénètre, échauffe, éclaire tout.

« A ses yeux, le doute n'est ni une impiété, ni un blasphème, ni un crime, mais une transition d'où l'homme retourne sur ses pas dans les ténèbres ou s'avance vers la lumière. Ainsi donc, raisonnons. Vous ne croyez pas en Dieu. Pourquoi ? Dieu, selon vous, est incompréhensible, inexplicable. D'accord. Je ne vous dirai pas que comprendre Dieu tout entier, ce serait être Dieu ; je ne vous dirai pas que vous niez ce qui vous semble inexplicable, afin de me donner le droit d'affirmer ce qui me paraît croyable.

« Il est pour vous un fait évident qui se trouve en vous même. En vous, la matière aboutit à l'intelligence ; et vous pensez que l'intelligence humaine aboutirait aux ténèbres, au doute, au néant ? Si Dieu vous semble incompréhensible, inexplicable, avouez du moins que vous voyez, en toutes choses purement physiques, un conséquent et sublime ouvrier. Pourquoi sa logique s'arrêterait-elle à l'homme, sa création la plus achevée ? Si cette question n'est pas convaincante, elle exige au moins quelques méditations.

« Si vous niez Dieu, heureusement, afin d'établir vos doutes, vous reconnaissez des faits à double tranchant qui tuent tout aussi bien vos raisonnements que vos raisonnements tuent Dieu. Nous avons également admis que la matière et l'esprit étaient deux créations qui ne se comprenaient point l'une l'autre, que le monde spirituel se composait de rapports infinis auxquels donnait lieu le monde matériel fini ; que si nul sur la terre n'avait pu s'identifier par la puissance de son esprit avec l'ensemble des créations terrestres, à plus forte raison nul ne pouvait s'élever à la connaissance des rapports que l'esprit aperçoit entre ces créations. Ainsi, déjà nous pourrions en finir d'un seul coup, en vous déniant la faculté de comprendre Dieu, comme vous déniez aux cailloux du fiord la faculté de se compter et de se voir.

« Savez-vous s'ils ne nient pas l'homme, eux, quoique l'homme les prenne pour s'en bâtir sa maison ? Il est un fait qui vous écrase, l'infini ; si vous le sentez en vous, comment n'en admettez-vous pas les conséquences ? Le fini peut-il avoir une entière connaissance de l'infini ? Si vous ne pouvez embrasser les rapports qui, de votre aveu, sont infinis, comment embrasseriez-vous la fin éloignée dans laquelle ils se résument ? L'ordre, dont la révélation est un de vos besoins, étant infini, votre raison bornée l'entendra-t-elle ?

« Et ne demandez pas pourquoi l'homme ne comprend point ce qu'il peut percevoir, car il perçoit également ce qu'il ne comprend pas. Si je vous démontre que votre esprit ignore tout ce qui se trouve à sa portée, m'accorderez-vous qu'il lui soit impossible de concevoir ce qui la dépasse ? N'aurai-je alors pas raison de vous dire : « L'un des termes sous lesquels Dieu périt au tribunal de votre raison doit être vrai, l'autre est faux ; la création existant, vous sentez la nécessité d'une fin ; cette fin ne doit-elle pas être belle ? Or, si la matière se termine en l'homme par l'intelligence, pourquoi ne vous contenteriez-vous pas de savoir que la fin de l'intelligence humaine est la lumière des sphères supérieures auxquelles est réservée l'intuition de ce Dieu qui vous semble être un problème insoluble ? Les espèces qui sont au-dessous de vous n'ont pas l'intelligence des mondes, et vous l'avez ; pourquoi ne se trouverait-il pas au-dessus de vous des espèces plus intelligentes que la vôtre ? Avant d'employer sa force à mesurer Dieu, l'homme ne devrait-il pas être plus instruit qu'il ne l'est sur lui-même ? Avant de menacer les étoiles qui l'éclairent, avant d'attaquer les certitudes élevées, ne devrait-il pas établir les certitudes qui le touchent ? » Mais aux négations du doute je dois répondre par des négations. Maintenant donc, je vous demande s'il est ici-bas quelque chose d'assez évident par soi-même à quoi je puisse ajouter foi ? En un moment, je vais vous prouver que vous croyez fermement à des choses qui agissent et ne sont pas des êtres, qui engendrent la pensée et ne sont pas des esprits, à des abstractions vivantes que l'entendement ne saisit sous aucune forme, qui ne sont nulle part, mais que vous trouvez partout; qui sont sans nom possible, et que vous avez nommées; qui, semblables au Dieu de chair que vous vous figurez, périssent sous l'inexplicable, l'incompréhensible et l'absurde.

« Et je vous demanderai comment, adoptant ces choses, vous réservez vos doutes pour Dieu. Vous croyez au nombre, base sur laquelle vous asseyez l'édifice des sciences que vous appelez exactes. Sans le nombre, plus de mathématiques. Eh bien, quel être mystérieux, à qui serait accordée la faculté de vivre toujours, pourrait achever de prononcer, et dans quel langage assez prompt dirait-il le nombre qui contiendrait les nombres infinis dont l'existence vous est démontrée par votre pensée? Demandez-le au plus beau des génies humains, il serait assis mille ans au bord d'une table, la tête entre ses mains, que vous répondrait-il? Vous ne savez ni où le nombre commence, ni où il s'arrête, ni quand il finira. Ici vous l'appelez le temps; là, vous l'appelez l'espace; rien n'existe que par lui; sans lui tout serait une seule et même substance, car lui seul différencie et qualifie. Le nombre est à votre esprit ce qu'il est à la matière, un agent incompréhensible. En ferez-vous un Dieu ? Est-ce un être, est-ce un souffle émané de Dieu pour organiser l'univers matériel où rien n'obtient sa forme que par la divisibilité qui est un effet du nombre ? Les plus petites comme les plus immenses créations ne se distinguent-elles pas entre elles par leurs quantités, par leurs qualités, par leurs dimensions, par leurs forces, tous attributs enfantés par le nombre ? L'infini des nombres est un fait prouvé pour votre esprit, dont aucune preuve ne peut être donnée matériellement. Le mathématicien nous dira que l'infini des nombres existe et ne se démontre pas. Dieu est un nombre doué de mouvemement, qui se sent et ne se démontre pas, vous dira le croyant.

« Comme l'unité, il commence des nombres avec lesquels il n'a rien de commun. L'existence du nombre dépend de l'unité qui, sans être un nombre, les engendre tous. Dieu est une magnifique unité qui n'a rien de commun avec ses créations, et qui néanmoins les engendre.

« Concevez donc avec moi que vous ignorez aussi bien où commence, où finit l'éternité créée ?

« Pourquoi, si vous croyez au nombre, niez-vous

Dieu ? La création n'est-elle pas placée entre l'infini des substances inorganisées et l'infini des sphères divines, comme l'unité se trouve entre l'infini des fractions que vous nommez depuis peu les décimales, et l'infini des nombres que vous nommez les entiers ?

« Vous seuls sur la terre comprenez le nombre, cette première marche du péristyle qui mène à Dieu, et déjà votre raison y trébuche.

« Eh quoi! vous ne pouvez ni mesurer la première abstraction que Dieu vous a livrée, ni la saisir, et vous voulez soumettre à votre mesure les fins de Dieu ? Que serait-ce donc si je vous plongeais dans les abîmes du mouvement, cette force qui organise le nombre ? Ainsi, quand je vous dirais que l'univers n'est que nombre et mouvement, vous voyez que déjà nous parlerions un langage différent. Je comprends l'un et l'autre, et vous ne les comprenez point. Que serait-ce si j'ajoutais que le mouvement et le nombre sont engendrés par la parole ? Ce mot, la raison suprême des voyants et des prophètes qui jadis entendirent ce souffle de Dieu sous lequel tomba saint Paul, vous vous en moquez, vous hommes de qui cependant toutes les œuvres visibles, les sociétés, les monuments, les actes, les passions procèdent de votre faible parole, et qui, sans le langage, ressembleriez à cette espèce si voisine du nègre, à l'homme des bois.

« Vous croyez donc fermement au nombre et au mouvement, force et résultat inexplicables, incompréhensibles, à l'existence desquels je puis appliquer le dilemme qui vous dispensait naguère de croire en Dieu. Vous, si puissant raisonneur, ne me dispenserez-vous point de vous démontrer que l'infini doit être partout semblable à lui-même, et qu'il est, nécessairement un ? Dieu seul est infini, car certes il ne peut y avoir deux infinis. Si, pour se servir des mots humains, quelque chose qui soit démontrée ici-bas vous semble infinie, soyez certain d'y entrevoir une des faces de Dieu. Poursuivons. Vous vous êtes approprié une place dans l'infini du nombre, vous l'avez accommodée à votre taille en créant, si toutefois vous pouvez créer quelque chose, l'arithmétique, base sur laquelle repose tout, même vos sociétés. De même que le nombre, la seule chose à laquelle ont cru vos soi-disant athées, organise les créations physiques, de même l'arithmétique, emploi du nombre, organise le monde moral. Cette numération devrait être absolue, comme tout ce qui est vrai en soi ; mais elle est purement relative, elle n'existe pas absolument, vous ne pouvez donner aucune preuve de sa réalité. D'abord si cette numération est habile à chiffrer les substances organisées, elle est impuissante relativement aux forces organisantes, les unes étant finies et les autres étant infinies.

« L'homme, qui conçoit l'infini par son intelligence, ne saurait le manier dans son entier; sans quoi, il serait Dieu. Votre numération appliquée aux choses finies et non à l'infini, est donc vraie par rapport aux détails que vous percevez, mais fausse par rapport à l'ensemble que vous ne percevez point. Si la nature est semblable à elle-même dans les forces organisantes ou dans ses principes qui sont infinis, elle ne l'est jamais dans ses effets finis ; ainsi vous ne rencontrez nulle part dans la nature deux objets identiques : dans l'ordre naturel, deux et deux ne peuvent donc jamais faire quatre, car il faudrait assembler des unités exactement pareilles, et vous savez qu'il est impossible de trouver deux feuilles semblables sur un même arbre, ni deux sujets semblables dans la même espèce d'arbre. Cet axiome de votre numération, faux dans la nature visible, est également faux dans l'univers invisible de vos abstractions, où la même variété a lieu dans vos idées, qui sont les choses du monde visible, mais étendues par leurs rapports ; ainsi, les différences sont encore plus tranchées là que partout ailleurs. En effet, tout y étant relatif au tempérament, à la force, aux mœurs, aux habitudes des individus qui ne se ressemblent jamais entre eux, les moindres objets y représentent des sentiments personnels. Assurément, si l'homme a pu créer des unités, n'est-ce pas en donnant un poids et un titre égal à des morceaux d'or? Eh bien, vous pouvez ajouter le ducat du pauvre au ducat du riche, et vous dire au trésor public que ce sont deux quantités égales; mais aux yeux du penseur, l'un est certes moralement plus considérable que l'autre ; l'un représente un mois de bonheur, l'autre représente le plus éphémère caprice. Deux et deux ne font donc quatre que par une abstraction fausse et monstrueuse. La fraction n'existe pas non plus dans la nature, où ce que vous nommez un fragment est une chose finie en soi; mais n'arrive-t-il pas souvent, et vous en avez des preuves, que le centième d'une substance soit plus fort que ce que vous appelleriez l'entier? Si la fraction n'existe pas dans l'ordre naturel, elle existe encore bien moins dans l'ordre moral, où les idées et les sentiments peuvent être variés comme les espèces de l'ordre végétal, mais sont toujours entiers. La théorie des fractions est donc encore une insigne complaisance de votre esprit. Le nombre, avec ses infiniments petits et ses totalités infinies, est donc une puissance dont une faible partie vous est connue, et dont la portée vous échappe.

« Vous vous êtes construit une chaumière dans l'infini des nombres, vous l'avez ornée d'hiéroglyphes savamment rangés et peints, et vous avez crié : « Tout est là ! » Du nombre pur, passons au nombre corporisé. Votre géométrie établit que la ligne droite est le chemin le plus court d'un point à un autre, mais votre astronomie vous démontre que Dieu n'a procédé que par des courbes. Voici donc dans la même science deux vérités également prouvées : l'une par le témoignage de vos sens agrandis du télescope, l'autre par le témoignage de votre esprit, mais dont l'une contredit l'autre.

« L'homme sujet à erreur affirme l'une, et l'ouvrier des mondes, que vous n'avez encore pris nulle part en faute, la dément. Qui prononcera donc entre la géométrie rectiligne et la géométrie curviligne ? Entre la théorie de la droite et la théorie de la courbe ? Si, dans son œuvre, le mystérieux artiste, qui sait arriver miraculeusement vite à ses fins, n'emploie la ligne droite que pour la couper à angle droit afin d'obtenir une courbe, l'homme lui-même ne peut jamais y compter : le boulet, que l'homme veut diriger en droite ligne, marche par la courbe, et, quand vous voulez sûrement atteindre un point dans l'espace, vous ordonnez à la bombe de suivre sa cruelle parabole. Aucun de vos savants n'a tiré cette simple induction que la courbe est la loi des mondes matériels, que la droite est celle des mondes spirituels : l'une est la théorie des créations finies, l'autre est la théorie de l'infini.

« L'homme, ayant seul ici-bas la connaissance de l'infini, peut seul connaître la ligne droite ; lui seul a le sentiment de la verticalité placé dans un organe spécial.

« L'attachement pour les créations de la courbe ne serait-il pas chez certains hommes l'indice d'une impureté de leur nature, encore mariée aux substances matérielles qui nous engendrent ; et l'amour des grands esprits pour la ligne droite n'accuserait-il pas en eux un pressentiment du ciel ? Entre ces deux lignes est un abîme, comme entre le fini et l'infini, comme entre la matière et l'esprit, comme entre l'homme et l'idée, entre le mouvement et l'objet mû, entre la créature et Dieu. Demandez à l'amour divin ses ailes, et vous franchirez cet abîme ! Au delà commence la révélation du Verbe. Nulle part les choses que vous nommez matérielles ne sont sans profondeur ; les lignes sont les terminaisons de solidités qui comportent une force d'action que vous supprimez dans vos théorèmes, ce qui les rend faux par rapport aux corps pris dans leur entier ; de là cette constante destruction de tous les monuments humains que vous armez, à votre insu, de propriétés agissantes. La nature n'a que des corps, votre science n'en combine que les apparences. Aussi la nature donne-t-elle à chaque pas des démentis à toutes vos lois : trouvez-en une seule qui ne soit désapprouvée par un fait ? Les lois de votre statique sont souffletées par mille accidents de la physique, car un fluide renverse les plus pesantes montagnes, et vous prouve ainsi que les substances les plus lourdes peuvent être soulevées par des substances impondérables. Vos lois sur l'acoustique et l'optique sont annulées par les sons que vous entendez en vous-mêmes pendant le sommeil et par la lumière d'un soleil électrique dont les rayons vous accablent souvent. Vous ne savez pas plus comment la lumière se fait intelligence en vous que vous ne connaissez le procédé simple et naturel qui la change en rubis, en saphir, en opale, en émeraude au cou d'un oiseau des Indes, tandis qu'elle reste grise et brune sur celui du même oiseau vivant sous le ciel nuageux de l'Europe, ni comment elle reste blanche ici, au sein de la nature polaire. Vous ne pouvez décider si la couleur est une faculté dont sont doués les corps, ou si elle est un effet produit par l'affusion de la lumière. Vous admettez l'amertume de la mer sans avoir vérifié si la mer est salée dans toute sa profondeur.

« Vous avez reconnu l'existence de plusieurs substances qui traversent ce que vous croyez être le vide; substances qui ne sont saisissables sous aucune des formes affectées par la matière, et qui se mettent en harmonie avec elle malgré tous les obstacles. Cela étant, vous croyez aux résultats obtenus par la chimie, quoiqu'elle ne sache encore aucun moyen d'évaluer les changements opérés par le flux ou par le reflux de ces substances qui s'en vont ou viennent à travers vos cristaux et vos machines sur les filons insaisissables de la chaleur ou de la lumière, conduites, exportées par les affinités du métal ou du silex vitrifié. Vous n'obtenez que des substances mortes d'ou vous avez chassé la force inconnue qui s'oppose à ce que tout se décompose ici-bas, et dont l'attraction, la vibration, la cohésion et la polarité ne sont que des phénomènes. La vie est la pensée des corps; ils ne sont, eux, qu'un moyen de la fixer, de la contenir dans sa route; si les corps étaient des êtres vivants par eux-mêmes, ils seraient cause et ne mourraient pas. Quand un homme constate les résultats du mouvement général que se partagent toutes les créations suivant leur faculté d'absorption, vous le proclamez savant par excellence, comme si le génie consistait à expliquer ce qui est. Le génie doit jeter les yeux au delà des effets. Tous vos savants riraient, si vous leur disiez : « Il est des rapports si certains entre deux êtres dont l'un serait ici, l'autre à Java, qu'ils pourraient au même instant éprouver la même sensation, en avoir la conscience, s'interroger, se répondre sans erreur ! » Néanmoins, il est des substances minérales qui témoignent des sympathies aussi lointaines que celles dont je parle.

« Vous croyez à la puissance de l'électricité fixée dans l'aimant, et vous niez le pouvoir de celle que dégage l'âme. Selon vous, la lune, dont l'influence sur les marées vous paraît prouvée, n'en a aucune sur les vents, ni sur la végétation, ni sur les hommes ; elle remue la mer et ronge le verre, mais elle doit respecter les malades ; elle a des rapports certains avec une moitié de l'humanité, mais elle ne peut rien sur l'autre. Voilà vos plus riches certitudes.

« Allons plus loin. Vous croyez à la physique ? Mais votre physique commence, comme la religion catholique, par un *acte de foi*. Ne reconnaît-elle pas une force externe, distincte des corps, et auxquels elle communique le mouvement ? Vous en voyez les effets, mais qu'est-ce ? Où est-elle ? Quelle est son essence, sa vie ? A-t-elle des limites ? Et vous niez Dieu !

« Ainsi, la plupart de vos axiomes scientifiques, vrais par rapport à l'homme, sont faux par rapport à l'ensemble. La science est une, et vous l'avez partagée.

« Pour savoir le sens vrai des lois phénoménales, ne faudrait-il pas connaître les corrélations qui existent entre les phénomènes et la loi d'ensemble ? En toute chose, il est une apparence qui frappe vos sens ; sous cette apparence, il se meut une âme : il y a le corps et la faculté. Où enseignez-vous l'étude des rapports qui lient les choses entre elles ? Nulle part. Vous n'avez donc rien d'absolu ? Vos thèmes les plus certains reposent sur l'analyse des formes matérielles, dont l'esprit est sans cesse négligé par vous. Il est une science élevée que certains hommes entrevoient trop tard, sans oser l'avouer. Ces hommes ont compris la nécessité de considérer les corps, non seulement dans leurs propriétés mathématiques, mais encore dans leur ensemble, dans leurs affinités occultes. Le plus grand d'entre vous a deviné, sur la fin de ses jours, que tout était cause et effet réciproquement ; que les mondes visibles étaient coordonnés entre eux et soumis à des mondes invisibles.

« Il a gémi d'avoir essayé d'établir des préceptes absolus ! En comptant ses mondes, comme des grains de raisin semés dans l'éther, il avait expliqué la cohérence par les lois de l'attraction planétaire et moléculaire ; vous avez salué cet homme... Eh bien ! je vous le dis, il est mort au désespoir. En supposant égales les forces centrifuge et centripète qu'il avait inventées pour se rendre raison de l'univers, l'univers s'arrêtait, et il admettait le mouvement dans un sens indéterminé néanmoins ; mais, en supposant ces forces inégales, la confusion des mondes s'ensuivait aussitôt. Ses lois n'étaient donc point absolues, il existait un problème encore plus élevé que le principe sur lequel s'appuie sa fausse gloire.

« La liaison des astres entre eux et l'action centripète de leur mouvement interne ne l'a donc pas empêché de chercher le cep d'où pendait sa grappe ? Le malheureux ! plus il agrandissait l'espace, plus lourd devenait son fardeau. Il vous dit comment il y avait équilibre entre les parties ; mais où allait le tout ? Il contemplait l'étendue, infinie aux yeux de l'homme, remplie par ces groupes de mondes dont une portion minime est accusée par notre télescope, mais dont l'immensité se révèle par la rapidité de la lumière. Cette contemplation sublime lui a donné la perception des mondes infinis qui, plantés dans cet espace comme des fleurs dans une prairie, naissent comme des enfants, croissent comme des hommes, meurent comme des vieillards, vivent en s'assimilant dans leur atmosphère les substances propres à les alimenter, qui ont un centre et un principe de vie, qui se garantissent les uns des autres par une aire ; qui semblables aux plantes, absorbent et sont absorbés, qui composent un ensemble doué de vie, ayant sa destinée. A cet aspect, cet homme a tremblé ! Il savait que la vie est produite par l'union de la chose avec son principe, que la mort est l'inertie, qu'enfin la pesanteur est produite par une rupture entre un objet et le mouvement qui lui est propre ; alors il a pressenti le craquement de ces mondes, abîmés si Dieu leur retirait sa parole. Il s'est mis à chercher dans l'Apocalypse les traces de cette parole. Vous l'avez cru fou, sachez-le donc : il cherchait à se faire pardonner son génie. Vous êtes venu pour me prier de résoudre des équations, de m'enlever sur un nuage de pluie, de me plonger dans le fiord, et de reparaître en cygne. Si la science ou les miracles étaient la fin de l'humanité, Moïse vous aurait légué le calcul des fluxions ; Jésus-Christ vous aurait éclairé les obscurités de vos sciences ; ses apôtres vous auraient dit d'où sortent ces immenses traînées de gaz ou de métaux en fusion, attachées à des noyaux qui tournent pour se solidifier en cherchant une place dans l'éther, et qui entrent quelquefois violemment dans un système quand elles se combinent avec un astre, le heurtent et le brisent par leur choc, ou le détruisent par l'infiltration de leurs gaz mortels. Au lieu de vous faire vivre en Dieu, saint Paul vous eût expliqué comment la nourriture est le lien secret de toutes les créations et le lien évident de toutes les espèces animées.

« Aujourd'hui, le plus grand miracle serait de trouver le carré égal au cercle, problème que vous jugez impossible, et qui sans doute est résolu dans la marche des mondes par l'intersection de quelque ligne mathématique dont les enroulements apparaissent à l'œil des esprits parvenus aux sphères supérieures. Croyez-moi, les miracles sont en nous et non au dehors.

« Ainsi se sont accomplis les faits naturels que les peuples ont crus surnaturels.

« Dieu n'aurait-il pas été injuste en témoignant sa puissance à des générations, et refusant ses témoignages à d'autres? La verge d'airain appartient à tous. Ni Moïse, ni Jacob, ni Zoroastre, ni Paul, ni Pythagore, ni Swedenborg, ni les plus obscurs messagers, ni les plus éclatants prophètes de Dieu, n'ont été supérieurs à ce que vous pouvez être. Seulement, il est pour les nations des heures où elles ont la foi. Si la science matérielle devait être le but des efforts humains, avouez-le, les sociétés, ces grands foyers où les hommes se sont rassemblés, seraient-elles toujours providentiellement dispersées?

« Si la civilisation était le but de l'espèce, l'intelligence périrait-elle? Resterait-elle purement individuelle? La grandeur de toutes les nations qui furent grandes était basée sur des exceptions: l'exception cessée, morte fut la puissance. Les voyants, les prophètes, les messagers n'auraient-ils pas mis la main à la science au lieu de l'appuyer sur la croyance, n'auraient-ils pas frappé sur vos cerveaux au lieu de toucher à vos cœurs? Tous sont venus pour pousser les nations à Dieu; tous ont proclamé la voie sainte en vous disant les simples paroles qui conduisent au royaume des cieux; tous embrasés d'amour et de foi, tous inspirés de cette parole qui plane sur les populations, les enserre, les anime et les fait lever, ne les employaient à aucun intérêt humain. Vos grands génies, des poëtes, des rois, des savants sont engloutis avec leurs villes, et le désert les a revêtus de ses manteaux de sable; tandis que les noms de ces bons pasteurs, bénis encore, surnagent après les désastres. Nous ne pouvons nous entendre sur aucun point. Nous sommes séparés par des abimes; vous êtes du côté des ténèbres, et, moi, je vis dans la vraie lumière. Est-ce cette parole que vous avez voulue? Je la dis avec joie, elle peut vous changer. Sachez-le donc, il y a les sciences de la matière et les sciences de l'esprit. Là où vous voyez des corps, moi, je vois des forces qui tendent les unes vers les autres par un mouvement générateur. Pour moi, le caractère des corps est l'indice de leurs principes et le signe de leurs propriétés. Ces principes engendrent des affinités qui vous échappent et qui sont liées à des centres. Les différentes espèces où la vie est distribuée, sont des sources incessantes qui correspondent entre elles. A chacune sa production spéciale. L'homme est effet et cause; il est alimenté, mais il alimente à son tour. En nommant Dieu le Créateur, vous le rapetissez; il n'a créé, comme vous le pensez, ni les plantes, ni les animaux, ni les astres; pouvait-il procéder par plusieurs moyens? N'a-t-il pas agi par l'unité de composition? Aussi a-t-il donné des principes qui devaient se développer, selon sa loi générale, au gré des milieux où ils se trouveraient. Donc, une seule substance et le mouvement; une seule plante, un seul animal, mais des rapports continus. En effet, toutes les affinités sont liées par des similitudes contiguës et la vie des mondes est attirée vers des centres par une aspiration affamée, comme vous êtes poussés tous par la faim à vous nourrir. Pour vous donner un exemple des affinités liées à des similitudes, loi secondaire sur laquelle reposent les créations de votre pensée, la musique, art céleste, est la mise en œuvre de ce principe: n'est-elle pas un ensemble de sons harmonisés par le nombre? Le son n'est-il pas une modification de l'air, comprimé, dilaté, répercuté? Vous connaissez la composition de l'air: azote, oxygène et carbone. Comme vous n'obtenez pas de son dans le vide, il est clair que la musique et la voix humaine sont le résultat de substances chimiques organisées qui se mettent à l'unisson des mêmes substances préparées en vous par votre pensée, coordonnées au moyen de la lumière, la grande nourrice de votre globe : avez-vous pu contempler les amas de nitre déposés par les neiges, avez-vous pu voir les décharges de la foudre et les plantes aspirant dans l'air les métaux qu'elles contiennent, sans conclure que le soleil met en fusion et distribue la subtile essence qui nourrit tout ici-bas ?

« Comme l'a dit Swedenborg, *la terre est un homme!* Vos sciences actuelles, ce qui vous fait grands à vos propres yeux, sont des misères auprès des lueurs dont sont inondés les voyants. Cessez, cessez de m'interroger, nos langages sont différents. Je me suis un moment servi du vôtre pour vous jeter un éclair de foi dans l'âme, pour vous donner un pan de mon manteau, et vous entraîner dans les belles régions de la prière.

« Est-ce à Dieu de s'abaisser à vous ? N'est-ce pas vous qui devez vous élever à lui ? Si la raison humaine a sitôt épuisé l'échelle de ses forces en y étendant Dieu pour se le démontrer sans y parvenir, n'est-il pas évident qu'il faut chercher une autre voie pour le connaître ? Cette voie est en nous-mêmes. Le voyant et le croyant trouvent en eux des yeux plus perçants que ne le sont les yeux appliqués aux choses de la terre, et aperçoivent une aurore. Entendez cette vérité, vos sciences les plus exactes, vos méditations les plus hardies, vos plus belles clartés sont des nuées. Au-dessus, est le sanctuaire d'où jaillit la vraie lumière ».

. . . .

On vient de voir Balzac aux prises avec l'idée de Dieu ; avec l'hypothèse de la co-éternité de la matière, et finissant par conclure, par le verbe de Séraphita, que Dieu ne se démontre pas, mais que Dieu se sent. « La Verge d'airain », dit-il, appartient à tous.

« Ni Moïse, ni Jacob, ni Zoroastre, ni Paul, ni Pythagore, ni Swedemborg, ni les plus obscurs messagers, ni les plus éclatants prophètes de Dieu, n'ont été supérieurs à ce que vous pouvez être... Plus loin il ajoute :

« Le voyant et le croyant trouvent en eux des yeux plus perçants que ne le sont les yeux appliqués aux choses de la terre, et aperçoivent une aurore. Entendez cette vérité: vos sciences les plus exactes, vos méditations les plus hardies, vos plus belles clartés sont des nuées. Au-dessus, est le sanctuaire d'où jaillit la vraie lumière ».

CHAPITRE III

L'Intelligence organisatrice. — Marche incessante du Progrès. — Destruction de la Terre par le Feu. — Date de cette Destruction.

L'*Intelligence* organisatrice emplit les espaces : Les soleils donnent aux planètes leur lumière et leur chaleur ; les planètes offrent à cette lumière et à cette chaleur les éléments solides, liquides et gazeux. L'Intelligence alors, s'appuyant sur l'énergie, s'organise au moyen de ces matériaux, et la cellule apparaît. La cellule n'est-elle pas la première manifestation de l'intelligence s'enserrant dans une forme limitée pour prendre connaissance du monde extérieur et constituer ainsi l'embryon initial de la personnalité ?

L'homme n'est-il pas une cellule que les siècles ont évoluée et dans laquelle l'intelligence raisonne ?

L'homme ne peut vivre qu'au milieu des éléments dont il a été formé et, comme a dit Pascal, « il a besoin de lieu pour le contenir, de temps pour durer, de mouvement pour vivre, d'éléments pour le composer, de chaleur et d'aliments pour le nourrir, d'air pour respirer. Il voit la lumière, il sent les corps, enfin tout tombe sous son alliance ».

Cette alliance est l'effet d'une des lois immuables de l'univers : soleils, planètes, hommes, animaux, plantes, sont solidaires les uns des autres ; la vie est faite de vies, et chaque vie soutient de son action d'autres vies en même temps qu'elle en engendre.

L'homme, microcosme, synthétise l'univers.

Ce qui existe sur le plan matériel ou inférieur, existe de même sur le plan spirituel ou supérieur.

« Ce qui est en bas est comme ce qui est en haut, et ce qui est en haut est comme ce qui est en bas ».

Les vies poursuivent leur marche incessante vers le progrès ; tout corps tend à la perfection, de même que les âmes, causes des corps.

La souffrance et le mal n'existent pas en réalité. Tout est relatif et illusion.

Le démon n'est que l'ombre dont Dieu est la lumière ; le mal, le solide sur lequel s'appuie le bien pour se manifester. Ne pas croire au démon c'est nier Dieu. Cette vérité, cet axiome, est figuré par le Dieu blanc et le Dieu noir de Salomon, par le double triangle.

Seul, ce qui n'existe pas ne peut souffrir, et comme il n'est pas un lieu de l'univers qui ne contienne une substance animée, il s'ensuit que l'illusion de la douleur est universelle, et éternelle comme Dieu lui-même.

Nos conceptions sont trop étroites pour embrasser un champ d'une pareille étendue ; nous reculons terrifiés, et, comme le captif dans sa geôle, nous nous briserons le front contre les murs, plutôt que d'échapper à la loi inflexible.

Nous avons dit que la matière est divine étant émanée de Dieu. La matière va s'affinant sous l'action des forces qui la mettent en jeu. Chaque centre de matière à son commencement, son apogée et sa fin ; mais cette fin n'est qu'apparente et irréelle, servant elle-même à l'édification du commencement d'un autre centre.

La terre que nous habitons n'échappera pas à la loi générale, et quand, dans vingt-six mille deux cent cinquante ans, le feu l'aura consumée, ses atomes dispersés, se réunissant de nouveau, concourront à la formation d'un autre système (1).

Que l'on se souvienne des paroles du Prophète :

« *Car voici que je crée des cieux nouveaux et une terre nouvelle* ».

(Isaie, Ch. lxv. *Verset* 17.)

---

(1) Voir la figure ci-contre extraite du savant ouvrage de notre excellent ami, Monsieur Appy : *La vie de l'humanité sur la terre.*

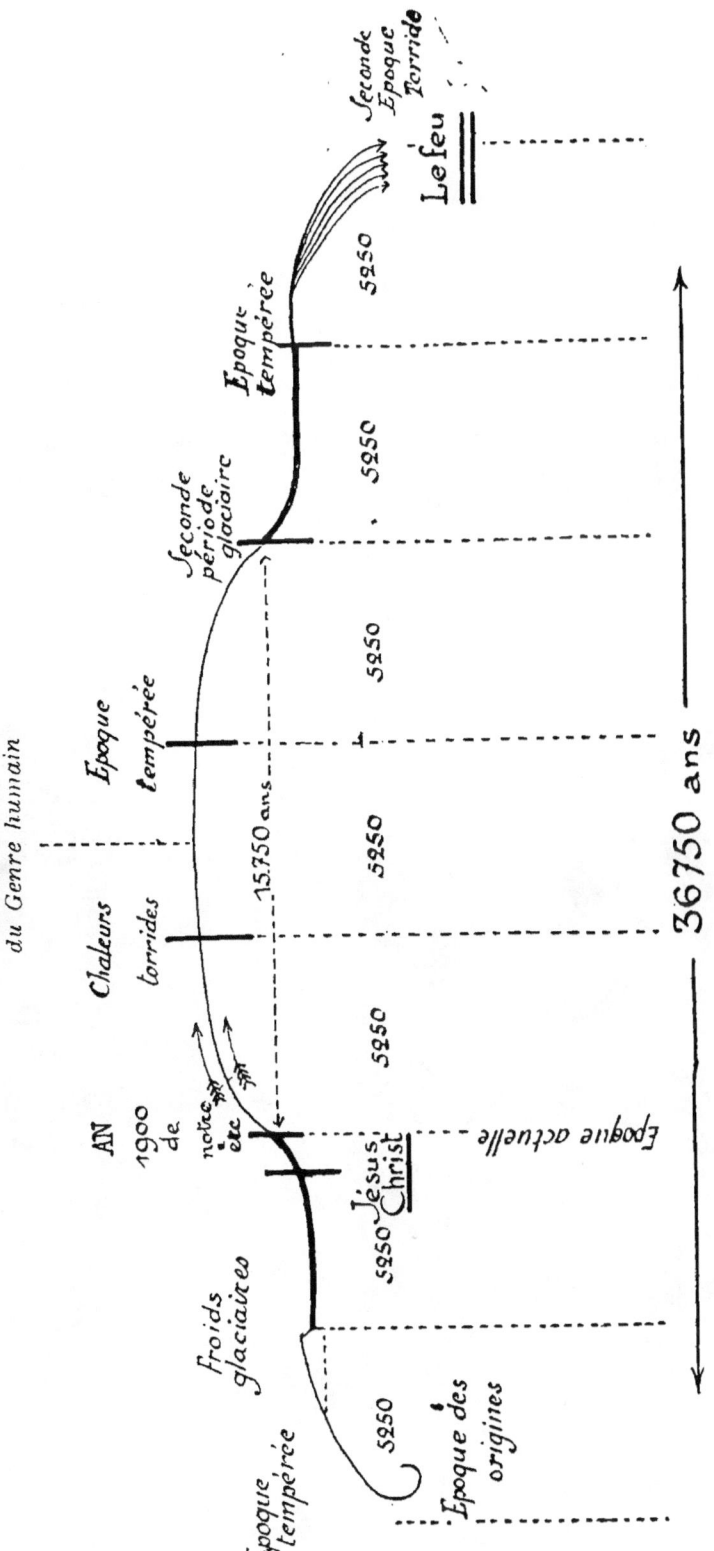

CHAPITRE IV

**La Vie dans l'Univers. — Du Soleil à Neptune. —
Les Demeures de la Maison du Père.**

Chaque planète enfante des êtres. Ces êtres naissent, vivent et meurent comme nous-mêmes nous naissons, nous vivons et nous mourons.

De même que la terre a une âme, chaque planète a également une âme qui s'individualise sous le souffle des Eloims (1). La vie est le but de la formation des mondes ; c'est là un des côtés du profond et terrible mystère des batailles du Ciel, de la chute des anges.....

L'astronomie étant une science peu répandue et surtout peu comprise, nous allons donner, ici, la description abrégée des planètes du système solaire.

---

(1) Eloims : Dieu des dieux. — Les dieux qui sont en Dieu.

Nous aurions pu renvoyer le lecteur aux ouvrages spéciaux, mais comme nous avons la certitude qu'il n'y aurait probablement pas recours, et que, par conséquent, sa pensée resterait flottante et indécise, nous ne reculons pas devant une étude supplémentaire. Nous en conseillons la lecture attentive afin que l'on puisse bien se convaincre que la vie dans les sphères célestes n'est plus la conception du cerveau de quelques rêveurs, mais un fait que la science a rendu pour ainsi dire palpable, et devant lequel tout homme de bon sens est obligé de s'incliner. . . . .
. . . .
. . . .
. . . .

Le soleil est le centre du système auquel appartient la terre que nous habitons. C'est le soleil qui projeta dans l'espace notre provisoire demeure, ainsi que ses sœurs du Ciel, à l'époque où sa rotation atteignait son maximum de vitesse. Chaque planète est formée de la substance même du soleil, dont elle est un fragment détaché et refroidi ; chaque planète est fille de l'astre roi et enrichit sa couronne d'une blanche perle.

Le globe du soleil est immense ; il faudrait un million trois cent mille fois le volume de notre terre pour constituer sa masse, masse de feu liquide qui tourne sur elle-même en vingt-cinq de nos jours, entraînant avec elle son cortège éblouissant.

Si nous nous envolons sur les ailes de la pensée de ce centre de flammes, la première planète que nous rencontrerons, après avoir franchi la distance de 14 millions 300 mille lieues (1), est le petit monde de Mercure.

Mercure, planète étrange, dont la durée du jour est la même qu'ici-bas, alors que ses saisons changent tous les 22 jours et que son année, c'est-à-dire sa révolution autour du soleil, est de 88 jours, Mercure circulant avec la vitesse de 168519 kilomètres 600 mètres à l'heure !

Dix-huit fois plus petit que le globe terrestre, ce petit monde supporte des montagnes trois fois plus hautes que notre Mont Blanc, et subit facilement des variations de température de *zéro à 400 degrés !* Il est vrai que plusieurs couches de nuages superposés interceptent les rayons solaires et les empêchent de désagréger la planète en la pénétrant.

Le phénomène de la pesanteur sur Mercure

---

(1) Nous avons puisé tous les calculs dans les ouvrages du savant astronome Camille Flammarion.

est d'une intensité moitié moindre de ce qu'il est sur la terre, et la densité des corps un peu plus forte. Le diamètre de la planète est de 1200 lieues et sa circonférence de 3780.

Poursuivant notre voyage nous atteignons le joyau du ciel, la brillante Vénus.

Adorable étoile, est-ce bien toi qui, divinisée par une poétique mythologie, fais naître dans le cœur des humains ce sentiment délicieux : l'amour ?

Flambeau du soir, toi qui guides les pas incertains du berger sur le versant de la colline lorsqu'il ramène au bercail ses brebis à la blanche toison.

Radieuse sylphide qui, dans la nuit obscure, glisses un regard furtif au travers du feuillage pour surprendre avec délices le couple attardé et silencieux savourant à pleins bords, dans un élan suprême, la coupe dorée des voluptés inouies !...

Diamant inestimable accroché au manteau des cieux par les doigts d'un archange !

Etincelle qui rayonnes, palpites et sembles puiser ta vie dans les regards noyés d'amour des enfants de ton âme !

Monde aimant et aimé, planète mystérieuse, qui es-tu ?

La science va nous répondre.

Vénus gravite à la distance de 26 millions 750 mille lieues du soleil et en tournant sur elle-même en 23 heures 27 minutes. Sa révolution, effectuée avec la vitesse de 124 mille 560 kilomètres à l'heure, dure 224 de nos jours terrestres. Ses saisons sont beaucoup plus marquées que sur la terre et se renouvellent tous les 56 jours. L'atmosphère de Vénus est analogue à celle que nous respirons, mais supérieure en densité. Comme sur Mercure elle préserve le sol de la planète des rayons brûlants de l'astre du jour.

Les mers de Vénus, parfaitement visibles au télescope, s'étendent principalement vers l'équateur, et doivent, par leur surchauffement continuel, maintenir une certaine égalité de température sur toute la surface de ce monde. Elles jouent, en grand, le même rôle que le *Gulf Stream* sur nos côtes ouest de la France.

La pesanteur à la surface de la planète, de même que la densité des matériaux qui la composent, sont à peu près les mêmes que sur le globe terrestre, pourtant un peu moindre.

Vénus est inférieure à la terre comme volume ; son diamètre est de 3000 lieues, sa circonférence de 9500.

Son sol, très bouleversé, supporte des montagnes de 40.000 mètres de hauteur, plus de quatre fois celle du mont Gaurisankar dans l'Himalaya !

Vénus est la planète qui offre le plus de similitude avec notre monde : des mers, des continents, des nuages et leurs conséquences : la pluie, les ouragans, la foudre !

Sur Vénus, comme sur la terre, les vagues déferlant sur le rivage exhalent en mourant leurs plaintes éternelles.

Sur Vénus, comme sur la terre, le vent, se jouant dans la haute ramure des arbres plusieurs fois séculaires, jette des harmonies étranges et passionnées.

Sur Vénus, comme sur la Terre, l'aurore encore palpitante des caresses de l'époux, soulève en rougissant les draps d'or de sa couche.

Sur Vénus, comme sur la terre, les fleurs charment et embaument; le fleuve coule silencieux entre ses berges aux tons d'émeraude ; le torrent gronde dans son lit rocailleux ; la cascade s'écrase en mugissant sur la roche qui trépide, pendant qu'à l'horizon de sveltes montagnes, cachant dans le ciel leur tête altière, restent impassibles, aux séductions d'en-bas...

Monde enchanté ! Monde merveilleux ! Quoique la science te déclare inférieur au nôtre, c'est à regret que, reprenant notre vol, nous te disons adieu. Adieu monde aimant et aimé, tu as été, tu es, et tu seras toujours l'emblème de ce sentiment doux et suave qui étreint tour à tour le cœur des créatures, ce sentiment divin qui poussa le Christ au martyre et le fit mourir les bras ouverts comme pour saisir et presser sur son cœur, dans une suprême étreinte, l'humanité entière !

Nous voici de nouveau sur le sol qui nous a prêté le vêtement d'argile dont notre âme est revêtue : sur notre modeste terre.

Emportée dans l'espace insondable par les lois de la gravitation, notre provisoire demeure court autour du soleil sur une orbite de 232 millions 500 mille lieues, à raison de 29 kilomètres 450 mètres par seconde, vitesse qui la fait revenir à son point de départ supposé en 365 jours, 6 heures, 9 minutes, 10 secondes (1). Indépendamment de ce mouvement de translation, la terre tourne sur elle-même en 23 heures, 56 minutes 4 secondes.

Sa surface est de 512 millions de kilomètres carrés, dont 135 millions sont occupés par les terres et le reste par les eaux.

(1) Comme tout le système solaire se porte vers la constellation d'Hercule, la terre, de même que toutes les autres planètes, parcourt, en réalité, une immense hélice.

Le rayon de la terre est de 6366 kilomètres, et sa circonférence de 10000 lieues.

Notre globe est entouré d'une atmosphère ou enveloppe gazeuze qui s'élève à environ 700 kilomètres de hauteur sur chacun de ses points.

C'est sur ce monde, 1 million 279 mille fois plus petit que le soleil dont il est éloigné d'environ 37 millions de lieues, que se débat notre pauvre humanité. Cette boule immense emporte dans sa course vertigineuse les quatorze cent millions d'êtres humains qui rampent à sa surface et dont le seul but semble être, sous prétexte de devoir, d'honneur ou de gloire, de mettre leur intelligence, leur vie, leur sang même, au service de l'exploitation et de la tyrannie.

La terre a un satellite qui la suit pas à pas dans la route que le Destin lui a tracée. Ce satellite, la lune, tourne autour d'elle en 27 jours, 7 heures, 43 minutes, 11 secondes, animée d'une vitesse de 4000 kilomètres à l'heure (1).

---

(1) Lorsque la lune revient au même point du ciel au bout de sa révolution, le soleil s'est déplacé d'une certaine quantité, dans le même sens, et pour que la lune revienne entre lui et la terre, il faut qu'elle marche encore pendant plus de deux jours. Il en résulte que la lunaison, ou l'intervalle entre deux nouvelles lunes, est de 29 jours 12 heures, 44 minutes, 3 secondes. C'est ce qu'on appelle le *mois lunaire* (C. FLAMMARION. — *Les Terres du Ciel*).

La lune est 49 fois plus petite que la terre et n'est séparée de cette dernière que par la distance, relativement faible, de 96000 lieues.

Le diamètre de la lune est de 3475 kilomètres, sa circonférence de 10925.

Sa superficie en compte 38 millions, mais nous n'en connaissons que la moitié, ou à peu près, car la lune nous présente toujours la même face.

Vu sa proximité, le monde lunaire a été très étudié, et on a pu en dresser une carte très détaillée où sont indiquées ses mers, ses montagnes et ses rainures (1).

La lune est un fragment détaché de la nébuleuse terrestre au moment de sa formation.

Ce fragment, anneau d'abord, se ramassant sur lui-même, prit la forme sphérique, forme que tend à prendre tout liquide abandonné à lui même.

Le globe lunaire, plus jeune que la terre qui l'avait enfanté, vieillit plus vite en raison de son moindre volume, et, à l'heure actuelle, il ne forme plus qu'une masse rocheuse et aride où ce que l'on désigne sous le nom de mers ne sont

---

(1) Carte générale de la lune de GAUDIBERT. Bertaux, éditeur, Paris.

que de fortes dépressions occupées autrefois par les eaux.

Le sol de la lune est fabuleusement tourmenté : partout des cirques, des cratères, des montagnes, dont la principale, le mont Leibnitz a 7610 mètres de hauteur (1).

(1) Comment mesure-t-on la hauteur des montagnes de la lune, qui nous sont si absolument inaccessibles? La méthode est extrêmement simple, *tout en étant très sûre*, et l'on peut affirmer que l'élévation des montagnes lunaires est connue avec au moins autant de certitude que celle des montagnes de la terre.
D'abord les dimensions transversales d'un cirque ou d'une plaine s'obtiennent immédiatement par la mesure, très facile à faire, de la distance angulaire des points extrêmes par le micromètre : Si l'on trouve, par exemple, qu'un cirque lunaire *vu de face* sous-tend un angle apparent de 20", on n'a plus qu'à imaginer un triangle dont l'angle au sommet serait de 20", et dont la base serait éloignée du sommet d'une distance égale à celle qui nous sépare de la lune, laquelle est parfaitement connue. La formule est fort simple : $x = d\ tg\ \Delta$, dans laquelle x désigne la longueur cherchée, d la distance de la lune à la terre et Δ la dimension angulaire apparente; dans notre exemple numérique, $x = d\ tg\ 20"$. Or $d = 384{,}400$ kilomètres, $tg\ 20" = 0{,}0000970$, d'où $l = 384{,}400 \times 0{,}0000970 = 37287$ mètres.
« Si le cirque est vu obliquement, ce qui arrive toutes les fois qu'il n'est pas au centre de la lune, il faudra nécessairement tenir compte de cette obliquité, qui a pour effet de rétrécir les dimensions apparentes dans un certain sens.
« Quant à la hauteur d'une montagne lunaire, on peut l'obtenir par deux méthodes différentes dont il est facile de se faire une idée.
« 1° Lorsque la lune n'est pas pleine, sa partie visible est limitée d'un côté par la ligne qui sépare, à la surface de la

Sur la lune l'année se compose de 12 jours de chaleurs torrides et de 12 nuits de froids épouvantables; pendant ces nuits règne, sur ce monde désolé, une température de plus de 270 degrés au-dessous de zéro !

La durée de chacun de ces jours, comme de chacune de ces nuits, est de 354 heures !

L'atmosphère lunaire est presque nulle.

Envolons-nous bien vite de ce petit globe inhospitalier, effrayant même, et allons respirer l'air et la vie sur la riante planète Mars, la Venise du ciel.

Mars est assurément la planète du ciel qui renferme la plus indéchiffrable des énigmes. En effet, des canaux dont le tracé paraît être dû à des ingénieurs possédant une intelligence supérieure, couvrent une partie de la planète, tra-

---

lune, la région éclairée de la région obscure. Si notre satellite était un globe uni, cette ligne, nommée le méridien terminateur, serait régulière ; mais les aspérités du sol font qu'elle prend au contraire une forme dentelée et déchiquetée. Ces cimes des hautes montagnes apparaissent ordinairement au-delà du méridien terminateur, éclairées par leur base, par le soleil longtemps après qu'il est couché, comme il arrive en Suisse pour les Alpes. Le temps qui s'écoule entre l'éclairement de la cime et celui de la base est d'autant plus long que la montagne est plus élevée. On peut donc déduire de ce temps la hauteur de la montagne au-dessus du niveau de la plaine environnante.

« 2º La deuxième méthode est fondée sur la longueur de l'ombre que la montagne projette derrière elle... » (C. FLAMMARION. *Les Terres du Ciel.*)

versant les continents et faisant communiquer les mers entre elles. Ces canaux mesurant de 1000 à 5000 kilomètres de longueur sur 100 kilomètres de largeur, font de la planète une sorte de gigantesque Venise.

Le globe de Mars vogue dans l'espace à la distance moyenne de 37 millions de lieues du soleil, astre autour duquel elle gravite en 687 jours. Mars, en outre, effectue une rotation sur lui-même en 24 heures, 37 minutes, 23 secondes.

Le diamètre de la planète est de 6850 kilomètres et sa circonférence de 5375 lieues.

Mars, quoique présentant de grandes analogies avec la terre (atmosphère, mers, continents), en diffère essentiellement sous d'autres rapports. L'année de Mars est beaucoup plus longue que l'année terrestre et ses saisons sont doubles en durée. Une des curiosités du monde martien, est la faiblessse de la densité des matériaux qui le composent. Un kilo sur Mars ne pèserait que 374 grammes. Un homme de 70 kilos n'en pèserait que 26 !

Cette jolie planète a deux lunes ou satellites, Phobos et Deimos.

Phobos tourne autour d'elle en 7 heures, 39 minutes, 14 secondes, et Deimos en 30 heures, 17 minutes, 54 secondes.

Franchissons d'un coup d'aile la distance qui nous sépare de Jupiter, et, sans nous arrêter à décrire les 234 petites planètes qui voyagent entre ces deux mondes, abordons le globe géant.

Jupiter, l'immense planète, gravite à la distance de 192 millions 500 mille lieues du soleil, et, animée d'une vitesse de 12600 mètres par seconde, tourne autour de l'astre étincelant en 10455 jours !.... L'année de Jupiter compte donc comme près de 33 des nôtres ! et les jours jupitériens ne sont que de 9 heures, 55 minutes !!!

Jupiter possède une atmosphère très dense qui empêche l'observation des détails de sa surface, car des nuages épais la recouvrent entièrement. « Quelquefois le monde de Jupiter paraît rester calme et tranquille pendant des mois entiers. Quelquefois, au contraire, nous assistons d'ici à de terribles tempêtes qui sèment le désordre et la confusion sur des étendues beaucoup plus vastes que celles de la terre entière. Le 25 mai 1876, M. Trouvelot a été témoin de l'une de ces formidables tempêtes. Tout l'hémisphère sud de la planète, depuis l'équateur jusqu'au pôle, se montrait bouleversé ; les bandes et les taches se transportant avec rapidité de l'est à l'ouest, parcourant ce diamètre en une heure, tandis que la bande équatoriale s'étendait vers le sud de deux fois sa largeur primitive. En analysant ces mouvements si rapides, l'observateur arrive à ce résultat, à peine croyable, que ces nuages emportés par la tempête de Jupiter couraient avec la vitesse de 17800 kilomètres à l'heure, c'est-à-dire de 49 kilomètres par seconde. Sur notre globe, un ouragan qui passe avec la vitesse de 160 kilomètres à l'heure détruit tout sur son passage. Que penser d'un ouragan onze cent fois plus rapide et plus violent encore ! L'année 1876 a été pour Jupiter une année de perturbations extraordinaires ; il ne se passait pour ainsi dire pas un seul jour sans que son aspect fût entièrement transformé » (1).

La circonférence ou tour du monde de Jupiter est de 444400 kilomètres. Il faudrait donc réunir 1230 boules de la grosseur de notre terre pour constituer la masse de Jupiter.

La pesanteur à sa surface est près de trois fois plus forte que sur la terre. Un homme qui pèse ici 65 kilos en pèserait près de 195 sur Jupiter.

Ce globe gigantesque, en outre de la lumière qu'il reçoit du soleil, est éclairé par la lumière réfléchie de 4 satellites : Io, Europe, Ganymède et Callisto.

---

(1) C. FLAMMARION. *Les Terres du Ciel.*

Io gravite autour de Jupiter en 1 jour, 18 h., 27 minutes, 33 secondes.

Europe, en 3 jours, 13 heures, 14 minutes, 36 secondes.

Ganymède, en 7 jours, 3 heures, 42 minutes, 33 secondes.

Callisto, en 16 jours, 16 heures, 31 minutes, 50 secondes.

C'est le monde prodigieux de Saturne avec son brillant cortège d'anneaux et de satellites qui apparaît maintenant à nos regards étonnés.

Une sphère immense, mesurant environ 100000 lieues de tour, qu'entoure de mystérieux anneaux, vogue dans les abîmes de l'espace avec une vitesse de 9500 mètres par seconde. Elle est accompagnée dans sa course majestueuse par sept satellites, Mimas, Encelade, Téthys, Dioné, Rhéa, Titan, Hypérion, Japet, en compagnie desquels elle tourne autour du soleil en 29 ans, 167 jours.

Saturne tourne sur lui-même en 10 heures, 14 minutes, 24 secondes.

Chacune de ses saisons dure sept années des nôtres.

Un dernier effort et nous voici sur le monde d'Uranus, monde 74 fois plus volumineux que la terre et dont la révolution s'accomplit en 84 ans,

3 jours, Uranus roulant sur une orbite de 4300 millions de lieues de longueur à la vitesse de 144700 lieues par jour.

Quatre satellites, Ariel, Umbriel, Titania, Obéron, lui servent de faibles luminaires à cette distance inouie de 733 millions de lieues du Soleil.

Enfin, c'est sur Neptune que se terminera notre fabuleux voyage. Neptune poursuit à *1100 millions de lieues du Soleil* sa marche lente (116000 lieues par jour) sur une orbite de *sept milliards de lieues*, en sorte que sa révolution complète autour de l'astre roi, c'est-à-dire son année, compte 165 des nôtres!

Une personne qui a 40 ans sur Neptune aurait donc sur la terre 165 × 40 = 6600 ans, et serait contemporaine de Sésostris !...... Neptune a 44000 lieues de tour, il faudrait donc 84 globes terrestres pour constituer sa masse.

La durée de ses jours est de 11 heures et celle de ses mois, 5 jours environ.

De même qu'Uranus, cette planète possède une atmosphère.

On ne connaît à Neptune qu'un seul satellite, compagnon de solitude, dans les champs de l'espace infini.

. . . .

Quels horizons merveilleux se découvrent

devant ces troublantes descriptions ! combien, à côté, se montrent ternes et inacceptables les conceptions grotesques d'un paradis fantaisiste où trône un Dieu anthropomorphe ! conceptions maladives de cerveaux en délire.

Comprend-on maintenant la sublimité de la vie se déroulant comme un ruban sans fin dans l'immensité des espaces sidéraux ! Quelle consolation pour l'âme éplorée d'entrevoir un avenir radieux fait de progrès incessants, de progrès sans limites, car une limite au progrès serait un arrêt, et, dans l'ordre élevé de « ces choses » tout arrêt serait une mort. Loin de nous toute pensée de découragement et de désespérance. Nous vivons et nous vivrons éternellement. Pourquoi notre âme, dégagée de son enveloppe, n'irait-elle pas prendre un corps, conformé en raison de ses mérites, sur un nouveau globe ? *Jupiter*, monde colossal, ne réalise-t-il pas un séjour de délices comparé à notre inférieure terre ? Pour exister sur *Jupiter* un corps semi-gazeux est nécessaire, car des êtres constitués comme nous le sommes y seraient terrassés par la pesanteur..... Avec un corps semi-gazeux les besoins sont moindres comme aussi les souffrances, de même, les jouissances supérieures ; par contre, la petite planète *Mercure* n'apparaît-elle pas comme un véritable enfer ?... Que le lecteur médite et raisonne, et alors peut-être pourra-t-il comprendre, dans leur sens profond, ces paroles du Christ : « *il y a plusieurs demeures dans la maison de mon Père* ». La « *Maison du Père* » c'est l'univers ; les planètes n'en seraient-elles point les demeures ?...

CHAPITRE V

La Force-Vie. — Le Corps Astral. — Histoires de Sorciers.

L'homme tire sa vie de la terre, mais il ne la tire pas directement; le végétal et l'animal lui sont nécessaires pour absorber les matériaux qu'ensuite il s'assimile. Mais tout végétal, tout animal, l'homme lui-même, comme tout ce qui existe à la surface du globe, baigne dans un Océan de *Force-Vie*. Cette *Force-Vie* est *une,* mais ses manifestations sont infinies. Chaque atome peut attirer à lui un atome de cette *Force-Vie* et constituer ainsi un embryon d'individualité.

Nous l'avons dit, cet embryon constitué devient éternel, et, dans ses multiples transformations, il perfectionnera ses organes récepteurs, car la *Force-Vie* absorbée étant une et simple agit supérieurement ou inférieurement dans tout corps organisé, précisément en raison directe de la perfection de l'organisme de ce même corps. La foudre qui éclate dans la nue est la même que celle fournie par le dynamo, et si, dans le premier cas elle semble n'être pour nous qu'inutile et nuisible, dans le second cas elle va, captée et sagement conduite, répandre ses bienfaits qui se traduisent par la lumière, la force, le mouvement.

La *Force-Vie* pénètre l'univers. Elle est, s'il nous est permis de nous exprimer ainsi, le corps astral de Dieu. Dès qu'une « forme » l'a attirée, Dieu y souffle l'« esprit » et l'être existe.

Les organes récepteurs de la *Force-Vie* sont les poumons et le ventre. La tête, qui constitue le troisième grand segment (1) dont l'homme est composé, a sa fonction subordonnée aux deux précédents. La tête est le parfum de la fleur, parfum élaboré par le travail lent et souterrain des racines et des radicelles, et l'aspir et l'expir des feuilles. Les racines et les radicelles correspondent à l'intestin grêle, tandis que les feuilles correspondent aux poumons.

Au moyen de l'intestin grêle, l'être humain s'assimile la substance matérielle qui renouvelle les cellules de son corps. Au moyen des poumons l'être humain absorbe directement la *Force-Vie*. Cette *Force-Vie* est attirée d'une manière irrésis-

---

(1) Voir les ouvrages du Dr Papus.

tible par l'être, de même que l'être est également poussé irrésistiblement à donner naissance à des corps organisés comme lui et qui, à leur tour, attireront cette *Force-Vie*. C'est là le secret de la grande loi d'amour et de procréation. Résister à ces lois c'est braver la nature et Dieu lui-même ! C'est déchaîner contre soi les tempêtes de la fatalité !

Les poumons sont les plus nobles organes récepteurs de la *Force-Vie*. Absorbée par eux, cette *Force-Vie* les pénètre et s'assimile au corps astral. Le corps astral à son tour maintient et anime le corps physique ; mais si les organes récepteurs sont faussés, d'un fonctionnement incertain ou incomplet, l'astral, ne recevant plus sa nourriture éthérée, tend à se séparer du corps physique qu'il ne peut davantage soutenir de son action, et c'est alors que survient, pour ce dernier, la dégénérescence et la mort.

Le corps astral est le double du corps physique, double invisible et cependant assez dense pour impressionner, dans certaines conditions, la plaque photographique, affirmant ainsi, pour les uns, et révélant, pour les autres, son existence indéniable (1).

(1) « L'âme n'est plus impondérable, au dire du moins de

Le corps astral est lié d'une manière indissoluble au corps physique pendant la durée entière de sa vie matérielle, et si, comme dans les cas très rares de léthargie, il l'abandonne, ce n'est pas un abandon au propre sens du mot, mais plutôt un allongement, un prolongement indéfini, mais toujours dangereux, car, comme la corde de l'arc revient avec force à son point de départ après avoir lancé dans la nue la flèche acérée, de même, le corps astral rentre brusquement dans sa demeure en la faisant vibrer douloureusement.

Les mages noirs et les sorciers ont possédé de tous temps le moyen secret de provoquer à volonté ce troublant phénomène ; c'est en corps astral qu'ils assistent à ce *sabbat* qu'on croit légendaire et qui est pourtant une monstrueuse réalité. C'est leur corps astral qui apparaît dans la sombre nuit, sur le bord du sentier désert, sous la forme fantastique d'animaux désignés sous le nom de loups-garous — la lumière astrale étant éminem-

cinq médecins du Massachussets ; ils affirment même en avoir déterminé le poids, qui varierait entre 30 et 40 grammes. Voici comment ils s'y sont pris : ils ont placé des lits de moribonds sur une balance excessivement sensible et ils ont constaté, immédiatement après le décès une déperdition du poids et cette déperdition, qui ne s'explique par aucun phénomène visible, ils l'attribuent au départ de l'âme qui quitte le corps humain après le décès. » (Extrait d'un journal suisse.)

ment configurative — de même qu'en rêve nous apparaissent des visages changeants et fugaces, tour à tour figures d'anges et faces de démons.

Ayant conclu le pacte avec l'*Entité* suspecte, le Mage noir peut faire le mal occultement, et c'est alors son corps astral qui opère. Nous n'entrerons pas dans de trop longs détails, et nous nous bornerons à citer deux faits, dont l'un est devenu classique :

Le Sorcier Noir et le Révérend Père (1).

Dans l'*Almanach des Missions* de cette année, un missionnaire relate un curieux phénomène de dédoublement dont il a été témoin en Afrique.

Un certain Ugéma Uzago, qui est à la fois chef de la tribu des Yabikou et féticheur célèbre, a sur les indigènes un pouvoir extraordinaire, car il guérit les maladies dont ils sont atteints, leur procure le moyen de faire fortune et aussi celui de connaître leurs ennemis, doux euphémisme, qui, dans la pensée de ces gens, signifie qu'ils en seront bientôt débarrassés.

Cet Ugéma est un ami du missionnaire ; ou, du moins, ayant souvent besoin du Révérend Père, il se plaît à passer pour tel, et, souvent le soir,

(1) *Echo du Merveilleux*, 15 juillet 1907.

il vient l'entretenir de ses affaires... et lui demander du tabac.

Or, un soir, il déclara au missionnaire que le Maître, *celui qui peut tout*, avait invité tous ses disciples à se trouver, la nuit suivante, sur le plateau des Yemvi.

— Je ne pourrai donc venir ici, ajouta Ugéma.

— Comment, s'exclama le Révérend Père, sur le plateau des Yemvi ! Mais il faut quatre grandes journées de marche pour l'atteindre. Tu n'arriveras jamais !

Orgueilleusement, Ugéma se redressa :

— Viens avec moi demain soir, répliqua-t-il, tu verras comment nous savons faire, nous autres sorciers noirs !

Le missionnaire se garda bien de manquer une occasion si propice de constater le savoir du célèbre sorcier et, le lendemain à six heures, avant la tombée de la nuit, il l'avait rejoint.

— Je vais commencer tout à l'heure les préparatifs de mon départ, lui dit Ugéma. Dès que je m'y serai mis, sur ta vie, ne m'interromps pas, ce serait pour toi et pour moi surtout la mort assurée.

— Je lui promis solennellement, écrit le missionnaire, de ne pas dire un mot, de ne le troubler en ses conjurations par aucun geste, aucun cri, rien. Muet comme un tronc d'arbre mort !

— Mais, lui dis-je encore, pardon, un simple mot. Tu vas bien, n'est-t-il pas vrai, au plateau des Yemvi, à l'ancien village abandonné ?

— Oui, je te l'ai dit déjà.

— Bien ! j'aurais une commission à te faire faire. Voudrais-tu me rendre un service ?

— Bien volontiers.

— Sur ton chemin, au pied du plateau, tu traverses, n'est-il pas vrai, le village de Uslong ?

— Parfaitement.

— On y connaît bien, n'est-ce pas, le traitant qui s'y est installé pour acheter du caoutchouc ?

— Esaba, n'est-il pas vrai ?

— Oui parfaitement.

(Or, je dois vous dire qu'Esaba, le traitant noir de ce village, est un de nos chrétiens, Vincent de son nom de baptême, qui au besoin fait un peu de catéchisme, baptise les mourants, instruit les petits et de plus nous est très dévoué. Lorsque nous sommes à son village, c'est toujours lui qui nous donne l'hospitalité et nous rend mille services).

— Eh bien, en passant devant sa porte, voudrais-tu lui dire que j'ai absolument besoin de le voir, qu'il vienne immédiatement, et m'apporte en même temps les cartouches de fusil de chasse que j'ai laissées dans une petite caisse de fer chez lui. Qu'il laisse tout le reste. Les cartouches seulement, c'est bien compris, n'est-ce pas?

— Ta commission sera faite. Esaba recevra ton message ce soir même, et demain se mettra en route. Maintenant, plus un mot, n'est-ce pas?

Devant pareille assurance, on comprend combien mon étonnement augmentait, combien aussi j'étais désireux de voir la fin de cette histoire, tout au moins singulière. Comment Ugéma allait-il se rendre à la fête? Quatre journées de marche en quelques minutes! Et puis, comme je viens de le dire, par Esaba, j'avais un moyen facile de contrôle. De la mission pour aller chez Esaba, il y a trois grandes journées de marche, et encore ne faut-il pas perdre de temps en route!

Cependant Ugéma et moi étions rentrés dans la case des fétiches. Un feu, où des herbes aromatiques et des bois aux fortes essences avaient été jetés en abondance, brûlait au milieu, et les flammes, claires et brillantes, illuminaient la case entière. Je m'assieds dans un coin. Déjà, en chantant un air tout particulier, et d'une pénétrante mélodie, Ugéma a dépouillé ses vêtements habituels ; un à un, il revêt ses fétiches, s'arrêtant à chacun pour commencer un nouveau chant, sur un rythme lent et bizarre, sorte de mélopée, où le son s'élève soudain pour retomber aussitôt, chant de prière souvent, d'adoration, plus fréquemment d'appel aux esprits, esprits des bois, des forêts, des eaux, esprits des morts... En même temps, Ugéma tourne lentement autour du feu, en tournant également sur lui-même, scandant chaque mouvement, accélérant toujours le rythme. Les fétiches sont revêtus. Longtemps, longtemps encore, Ugéma tourne autour du feu, jusqu'au moment où les tisons consumés ne lancent plus dans la case que des lueurs mourantes, à peine quelques flammes fuligineuses, insuffisantes pour dissiper l'obscurité envahissante.

Soudain, Ugéma s'est arrêté : du toit, un sifflement strident, impératif, s'est fait entendre, je lève la tête, une forme souple s'est glissée en bruissant dans la case, un serpent noir, de l'espèce la plus dangereuse, déroule à terre ses anneaux, dresse sa tête vers moi d'un air irrité, agitant son dard avec une extrême rapidité, se lève, me regarde indécis, se balance encore, puis s'élance sur le sorcier, l'étreint, l'enlace... Ugéma, sans s'émouvoir prend une fiole, verse sur ses mains un liquide rougeâtre, d'odeur fortement alliacée, se frotte successivement le corps entier, commençant par les pieds : le serpent et j'ai déjà reconnu son animal familier, son Elangéla, l'exécuteur de ses arrêts de mort, le serpent noir se détache de sa ceinture pour s'enrouler autour de son cou, se balance, s'agite autour de sa tête, suivant le rythme de la danse, et de la mélopée chantante.

Sans que le féticheur fasse un geste, un signe pour m'arrêter, prononce un mot, une défense, j'allume une torche qui me permet de saisir tous les détails de la scène.

Le feu jette à peine quelques lueurs mourantes, une flamme encore, tout s'éteint... Ugéma s'est étendu sur le lit : une odeur âcre, toute particulière, remplit la case, j'ai mille peines à résister à la torpeur envahissante qui m'étreint tout entier... Je m'approche de Ugéma ; le serpent a disparu, le féticheur dort profondément, mais d'un sommeil tout particulier, sommeil de mort, sans un mouvement, sommeil cataleptique ; je soulève les paupières, l'œil est blanc, vitreux, ne fait aucun mouvement devant la flamme de la torche, je me place devant lui, je soulève le bras, il retombe inerte, raide, d'une rigidité cadavérique, je soulève la jambe, même résultat. J'enfonce une épingle dans la chair : aucune contraction des muscles, à peine, aux commissures des lèvres, un peu d'écume blanchâtre ; les mouvements du cœur sont imperceptibles : Ugéma dort.

Toute la nuit, le surveillant, je reste à ses côtés : rien en lui ne décèle plus la vie. Pas un geste, pas un mouvement.

Au matin seulement, vers huit heures, Ugéma commence à s'agiter légèrement; je l'observe curieusement : peu à peu la vie revient, les mouvements, d'abord spasmodiques, s'arrêtent; sur la couche de bois où il était étendu, Ugéma se lève, me regarde d'un air hébété, semblant se demander ce que je fais là! la connaissance lui revient.

— Ah! me dit-il, que je suis fatigué!

— Eh bien! et ce fameux voyage, tu vois que tu n'as pu le faire.

— Comment, je n'ai pu le faire! Que dis-tu?

— Tu étais cette nuit au plateau des Yemvi?

— Mais certainement! oh! il ne fait pas bon manquer à l'appel du Maître!

— Et qu'avez-vous fait?

Ugéma se tait, puis reprend :

— Nous étions nombreux, nous nous sommes bien amusés!

Impossible d'en tirer autre chose!

— Et ma commission, l'as-tu faite? As-tu prévenu Esaba?

— Mais certainement.

— Tu lui as parlé cette nuit ?

— Je lui ai parlé cette nuit.

— Cependant, je n'ai pas bougé moi-même de cette case; tu étais sur ce lit, je t'ai toujours gardé.

— Non, *je* n'étais pas sur ce lit ! Mon *corps* était là, mais qu'est-ce que mon corps ? Mon *moi* n'était pas là. j'étais au plateau des Yemvi.

Ne voulant pas, pour le moment insister davantage, je cessai la conversation, et repris peu après le chemin de la Mission, songeur et me demandant ce qu'il fallait penser de tout cela, songe, fantasmagorie, illusion, réalité ?

Trois jours après, *juste*, au soir, le traitant Esaba arrivait à la Mission.

— Père, me dit-il, voici les cartouches que tu m'as fait demander, l'autre jour, par Ugéma. Que me veux-tu donc encore ?

Il me fut facile de trouver une cause quelconque.

— Et à quel moment Ugéma t'a-t-il prévenu ?

— Mais le soir, vers neuf heures, il y a trois jours, comme je te l'ai dit.

(Et c'était juste l'heure où Ugéma tombait en sommeil cataleptique.)

— L'as-tu vu ?

— Oh ! non ! tu sais bien que nous autres, noirs, nous redoutons les fantômes de la nuit. Ugéma a frappé à ma porte, et m'a parlé du dehors, mais je ne l'ai pas vu.

— Ah ! bien, et ce fut tout.

Sans aucun doute, Ugéma avait bien assisté à la fête des sorciers ; sans aucun doute, son *moi* avait en quelques instants fait plusieurs heures de marche, sans aucun doute, son *moi*, *dédoublé*, agissait, parlait, entendait. . . . .

« Voici (1) maintenant le récit des faits qui se sont passés dans le courant de 1850 en Normandie, dans le village de Cideville, arrondissement d'Yvetot, tels qu'ils résultent d'une instruction volumineuse existant au greffe de la justice de paix d'Yerville, et dont un résumé, très long lui-même, est en ce moment sous presse chez Vrayet de Surcy, imprimeur à Paris, sous le titre de : *Des Esprits et de leurs manifestations fluidiques*, par M. E. de M. ». . . . .

« Vers les premiers jours du mois de mars 1840, M. Tinel, curé de Cideville, rencontra chez un de ses paroissiens malades un individu nommé G..., auquel tout le pays accordait depuis longtemps une réputation de guérisseur et de

---

(1) CAHAGNET. *Magie Magnétique*.

sorcier. Le curé adressa au sorcier une verte réprimande et le fit renvoyer. De son côté, la justice mit la main sur G..., qui en eut pour une année ou deux de prison.

« G.., promit de se venger du curé, à qui, à tort ou à raison, il attribuait ses démêlés avec la justice, et il choisit pour exécuteur de ses vengeances le berger Thorel, son disciple et son ami.

« Deux enfants étaient élevés au presbytère de Cideville ; l'un avait douze ans et se nommait Gustave Lemonier, l'autre nommé Clément Bunel, avait quatorze ans. L'éducation de ces enfants était pour le curé à la fois une occupation agréable et un moyen de bien-être. C'est dans la personne de l'un de ces enfants que, selon l'opinion générale des témoins, le sorcier a frappé le curé.

« Un jour de vente publique, le jeune Gustave est accosté par le berger, et peu d'heures après les événements commencent.

« Tout aussitôt après la rentrée de cet enfant, une espèce de trombe vient s'abattre sur le presbytère, puis à la suite de cette bourrasque, des coups semblables à des coups de marteau ne cessent de se faire entendre dans toutes les parties de la maison, qui paraît vouloir tomber en ruine.

« Ces coups prennent une telle extension que l'on peut les entendre à deux kilomètres de distance et qu'une grande partie des habitants de Cideville, cent cinquante personnes dit-on, se rendent au presbytère, l'entourent pendant de longues heures et l'explorent en tous sens sans pouvoir en découvrir la cause.

« Pendant que ces bruits mystérieux poursuivent leur incessant concert et reproduisent en cadence le *rythme exact* de tous les airs *qu'on leur demande*, les carreaux se brisent en tous sens, les objets s'agitent, les tables *se culbutent ou se promènent*, les couteaux, les brosses, les bréviaires s'envolent par une fenêtre et rentrent par la fenêtre opposée ; les pelles, les pincettes quittent le foyer et s'avancent seules dans le salon ; des marteaux volent en l'air et retombent avec la légèreté qu'une main d'enfant pourrait imprimer à une plume ; d'énormes pupitres se choquent et se brisent ; bien plus, un d'entre eux chargé de livres arrive violemment et horizontalement jusqu'au front d'un témoin, et là, sans le toucher et contrairement à toutes les lois connues de la gravitation, tombe perpendiculairement à ses pieds.

« Un autre témoin, propriétaire à quatorze lieues de distance, se transporte à l'improviste au presbytère de Cideville, et s'installe dans la chambre des enfants. Il interroge le bruit mystérieux, le fait battre à tous les coins de l'appartement, pose avec lui les conditions d'un dialogue : un coup, par exemple, voudra dire oui, deux coups non, puis le nombre de coups signifiera le nombre de lettres, etc. Cela convenu, le témoin fait battre toutes celles qui composent ses noms, prénoms et ceux de ses enfants, son âge et le leur, par an, mois, jour, le nom de sa commune, etc., tout s'exécute avec une justesse irréprochable.

« Un prêtre, un vicaire de Saint-Roch, M. l'abbé L..., se trouvant par hasard de passage à Yvetot, se transporta à Cideville et interrogea le frappeur mystérieux. On lui dit l'âge et les prénoms de sa mère, de son père ; mais il les a oubliés ou ne les a jamais connus. N'importe, il en prend note exacte, et de retour à Paris, il court à la mairie, consulte les registres de l'état civil, et trouve entre eux et les révélations de Cideville une conformité littérale.

« Quant à l'état de l'enfant, objet de cette obsession, il offre des symptômes extrêmement remarquables : c'est un envahissement de tout le système nerveux ; un poids insolite pèse sur ses épaules et comprime sa poitrine. De plus, cet enfant voit toujours derrière lui l'ombre d'un homme en blouse qu'il dit ne pas connaître, jusqu'au jour où, confronté avec Thorel, il s'écrie : *Voilà l'homme !*

« Un jour, cet enfant accuse une hallucination bien singulière. Il voit une main noire descendre de la cheminée, et s'écrie qu'elle lui donne un soufflet. Cette main, nul ne la voit, mais on entend le bruit du soufflet, et on voit la joue devenir et rester longtemps rouge ; dans sa naïveté, l'enfant s'élance au dehors, espérant voir cette main sortir par le haut de la cheminée.

« Un soir, le curé de Cideville et quelques-uns de ses confrères conféraient sur le moyen à employer pour débarrasser cet enfant. Un des prêtres dit se rappeler avoir lu, dans un vieux bouquin sur la matière, que les esprits redoutaient les pointes de fer. Au risque de glisser un peu dans la superstition, nos braves ecclésiastiques se munissent de pointes en fer et se mettent à s'escrimer à qui mieux mieux dans le vide, partout où le bruit se fait entendre. Au bout de quelque temps de cet exercice, une botte, qui paraît avoir été portée, fait jaillir une flamme suivie d'une fumée tellement épaisse, qu'il fallut ouvrir les fenêtres sous peine d'asphyxie.

« On recommence, un gémissement se fait entendre, puis des cris inarticulés, au milieu desquels on distingue le mot *pardon*. « Pardon ! répondent les ecclésiastiques, nous te pardonnerons et nous prierons Dieu qu'il te pardonne aussi, mais à la condition que tu viendras toi-même demander pardon à cet enfant. — Nous pardonnes-tu à tous ? — Vous êtes donc plusieurs ? — Nous sommes cinq y compris le berger. — Nous pardonnons à tous ». Alors tout rentra dans le silence au presbytère.

« Le lendemain, dans l'après-midi, on frappe à la porte du presbytère ; elle s'ouvre et Thorel se présente ; son attitude est humble, son langage est embarrassé, et il cherche à cacher avec son chapeau des écorchures toutes saignantes qui couvrent son visage. L'enfant l'aperçoit et s'écrie : — Voilà l'homme qui me poursuit depuis quinze jours. — Que voulez-vous, Thorel ? lui dit M. le Curé. — Je viens… je viens de la part de mon maître chercher le petit orgue que vous avez ici. — Non, Thorel, non, on n'a pu vous donner cet ordre-là ; encore une fois, ce n'est pas pour cela que vous venez ici ; que voulez-vous ? Mais auparavant, d'où vous viennent ces blessures, qui donc vous les a faites ? — Cela ne vous regarde pas ; je ne veux pas le dire. — Dites donc ce que vous voulez faire. Soyez franc,

dites que vous venez demander pardon à cet enfant ; faites-le donc et mettez-vous à genoux.
— Eh bien ! pardon, dit Thorel en tombant à genoux. Et, tout en demandant ce pardon, il se traîne et cherche à saisir l'enfant par la blouse.

« Il y parvient, et les témoins constatent qu'à partir de ce moment, les souffrances de l'enfant et les bruits mystérieux redoublent au presbytère de Cideville. Toutefois, M. le curé engage Thorel à se rendre à la mairie ; il s'y trouve, et là, devant témoins, sans que personne lui dise de le faire, il tombe à genoux trois fois et demande encore pardon. — De quoi me demandez-vous pardon, lui dit le curé, expliquez-vous ? Et Thorel de continuer. Mais tout en demandant pardon, il fait comme au presbytère, il se traîne sur les genoux et cherche à toucher le curé comme il avait fait à l'enfant. — Ne me touchez pas ! s'écrie le prêtre ; au nom du ciel ! ne me touchez pas, ou je frappe ! Vaine menace, Thorel avance toujours jusqu'à ce que le curé, acculé dans un angle de la pièce, se voit forcé, pour sa légitime défense, de lui asséner trois coups de canne sur le bras.

« Ce sont ces trois coups de canne qui ont été la cause du procès qui s'est déroulé devant la justice de paix d'Yerville, et où tous les faits que nous venons d'indiquer sommairement ont été constatés dans leurs moindres circonstances par de nombreux témoins qui n'ont jamais varié. M. le juge de paix d'Yerville, après avoir entendu les témoins dans leurs dépositions et les parties dans leurs moyens respectifs, rendit, le 4 février 1851, un jugement définitif, par lequel Thorel était débouté de sa demande en 1200 fr. de dommages-intérêts pour les coups de canne du curé et condamné à tous les dépens.

« Telle a été la fin juridique de cette affaire singulière. Quant à l'issue matérielle, nous dirons que ces faits et mille autres semblables qui se sont produits journellement et sans interruption, depuis le 26 novembre 1850 jusqu'au 15 février 1851, ne cessèrent que lorsque, par l'ordre de Mgr l'archévêque de Rouen, les deux enfants eurent été éloignés du presbytère de Cideville et confiés à un autre ecclésiastique, qui a continué à Rouen leur éducation. » . . . .

Le corps astral étant composé d'une matière subtile analogue à ce que serait de l'électricité condensée, est soumis aux mêmes lois que cette dernière ; de là, la curieuse influence sur lui, des pointes métalliques (1).

(1) Voir *La Magie*, par J.-G. BOURGEAT.

CHAPITRE VI

Rôle joué par le Corps Astral dans le Corps Physique. — Le Sommeil Léthargique. — Régénération Physique et Occulte de l'Homme. — Beauté du Corps et Beauté de l'Ame. — Toute-Puissance des Pouvoirs que l'Homme peut acquérir. — Le Sanctuaire de la Déesse.

Le corps astral est l'enveloppe de l'âme, de cette Etincelle détachée de la divinité, et qui possède en soi, potentiellement, les pouvoirs et la connaissance de la divinité entière. Le corps astral pénètre le corps physique jusque dans ses plus secrètes cellules ; sous son action, l'estomac digère, l'intestin assimile, le cœur bat, le cerveau fonctionne, en un mot se manifeste le phénomène de la vie dans toute son intensité.

La puissance du corps astral est telle, qu'il peut maintenir les fonctions du poumon, du cœur et du cerveau, alors que l'estomac et l'intestin resteraient dans un repos absolu.

Considérons certains animaux qui passent des saisons entières dans un engourdissement profond. Ces animaux ne dépérissent pas, et si on les pesait avant et après leur long sommeil, on ne constaterait dans leur poids qu'une diminution très peu sensible. Nous parlerons aussi, tout au moins pour mémoire, des fakirs de l'Inde, lesquels restent des années enterrés ou murés dans des temples, et ne reviennent à la vie qu'après l'accomplissement, sur eux, de mystérieuses cérémonies.

N'obtient-on pas des phénomènes analogues au moyen de l'hypnotisme ?

Nous lisons dans un grand quotidien :

New-York, 15 juillet 1900.

« Un médecin de Lexington, dans le Kentucky,
« vient de procéder à une expérience d'hypno-
« tisme sur la personne d'une jeune fille nom-
« mée Maud Mathews, âgée de 14 ans.

« Lundi dernier, cette jeune fille fut endor-
« mie par le praticien, puis placée dans un cer-
« cueil ordinaire qui fut transporté au cimetière
« de Hoodlann-Park. Le cercueil fut déposé dans
« une fosse qui fut comblée avec de la terre.

« La jeune fille fut hier exhumée en présence
« d'une *foule nombreuse*. Le cercueil retiré de
« la terre, on le dévissa et la jeune fille apparut
« toujours endormie et dans la position où elle
« avait été placée.

« Le médecin se baissant alors vers elle, lui
« dit quelques mots dans l'oreille, alors la jeune
« fille se réveilla sur le champ, se leva, embrassa
« ses amis et regagna avec eux sa maison. » —
« V...

*
* *

Echo du Merveilleux. 1ᵉʳ juillet 1907.

Endormie depuis 362 jours !

« Depuis plusieurs mois, nombre de curieux
« se rendent au hameau de Recoules, commune
« de Cassagnes-Begouliès (Aveyron), pour visi-
« ter une jeune malade, Mademoiselle Marie
« Dalbin, fille d'un honorable cultivateur de la
« localité, qui depuis le 1ᵉʳ juin 1906 repose sur
« son lit, complètement étrangère à tout ce qui
« se passe autour d'elle.

« Sept médecins ont tour à tour examiné la
« malade sans avoir pu définir exactement le cas

« de cette infortunée fillette, âgée aujourd'hui
« de quinze ans, et qui depuis plus d'un an n'a
« pris aucune nourriture.

« Le visage pâle, calme, presque souriant, la
« malade paraît dormir. Son pouls, naturelle-
« ment ralenti, indique 55 pulsations à la minute ».

. . . .

Ceci acquis, pourquoi l'homme, à l'état de
veille, ne possède-t-il pas le même avantage ?
Parce qu'il est obligé de réparer par la nourriture
les pertes qu'il subit ; c'est cette réparation con-
tinuelle qui entretient la vie dans son organisme.
Les poumons sont les organes récepteurs, directs,
de la Force-Vie ; des poumons, dépend toute
manifestation de vie organique. Fortifier ces
organes, leur donner un fonctionnement parfait,
c'est déjà diminuer les exigences d'une nourriture matérielle, la *Force-Vie* dont l'air est le véhi-
cule fournissant à l'astral de puissantes réserves,
lui donnera, comme conséquence, le pouvoir de
maintenir le corps physique pendant de longues
périodes à l'abri de tout besoin. Sans subir l'engourdissement du fakir ou du reptile, l'homme
pourra réduire son alimentation à un volume infime, ou même, dans des cas *exceptionnels,* la supprimer entièrement. Un corps nouveau fera place
à l'ancien, non un corps glorieux, selon l'expres-

sion de Saint Paul, mais un corps tangible, fort et robuste et considérablement embelli.

Le pouvoir illusionnant, créé par la *Concentration* développera à son tour le divin dans l'astral jusqu'à saturation. La clef de la Connaissance sera alors livrée. L'âme faisant vibrer avec force l'astral sur le cerveau purifié, régénéré, produira l'état de superconscience, c'est-à-dire l'état où l'esprit n'imaginant, ne réfléchissant, ni ne raisonnant, possèdera la clef du savoir absolu : l'omniscience.

L'homme alors existera réellement ; l'astral, principe immortel, ayant fait sienne la matière du corps physique en se réservant le pouvoir de la subtiliser sans l'anéantir. L'homme dans son état ordinaire, comme dit un romancier philosophe contemporain, Monsieur E. Bruni, « n'est qu'une illusion. Il est comme la flamme d'une torche, qui semble avoir une existence propre et conserver le même être parce qu'elle reste à la même place en gardant le même aspect, et qui n'est qu'un remplacement constant de gaz comburés » (1).

(1) ÉMILE BRUNI. *Les deux Nuits de Don Juan*, dont nous ne partageons pas toutes les idées philosophiques, mais qui est un livre d'une très haute valeur de pensée et de forme. (Stock, éditeur, Paris.)

L'« homme nouveau », selon la pensée de Balzac, « *sentira Dieu* », et, sans mourir, il pourra le voir face à face. *Il conversera familièrement avec les sept génies qui commandent à toute la milice céleste*, c'est-à-dire qu'il sera susceptible d'entrer, à volonté, en communication avec les collectivités d'êtres agissant dans les sept sphères symboliques de la création.

Il sera au-dessus de toutes les afflictions et de toutes les craintes. Les afflictions et la douleur sont les conséquences de la chute; la matière, régénérée par le feu purificateur, ne sera plus assujettie aux souffrances. L'homme, conscient de sa force, bannira toute crainte de son cœur.

Il régnera avec tout le ciel et se fera servir par toutes les forces élémentaires. Communiant avec les collectivités supérieures, il régnera avec elles en même temps que les forces inférieures seront soumises à son autorité.

Il disposera de sa santé et de sa vie et pourra également disposer de celle des autres. S'étant construit un corps supérieur, la maladie n'aura point de prise sur ses organes. Il soulagera et guérira ses frères en leur communiquant, par l'imposition des mains, un peu de cette *Force-Vie*, qui, chez lui, surabonde.

Il ne sera pas surpris par l'infortune, ni acca-

blé par les désastres, ni vaincu par ses ennemis.
Le battant de la cloche frappant l'airain avec force le fait vibrer longuement; si le battant ne frappe que le vide, aucun son ne se produira. Ainsi l'infortune ne peut affecter celui qu'elle n'atteint pas.

Quels ennemis pourraient vaincre l'homme qui a dompté la nature?

Il saura la raison du passé, du présent et de l'avenir. Aux yeux du « voyant », *tout* est dans le présent. Ce qui, à nos yeux humains, nous paraît être le passé et l'avenir, n'est que la raison d'être du présent.

Avoir le secret de la résurrection des morts et la clef de l'immortalité. La mort véritable est toujours précédée d'un état léthargique plus ou moins long. Profiter de cet état pour commander à l'âme avec autorité suffit pour réveiller le corps (1).

L'Astral se réservant le pouvoir de subtiliser le corps sans l'anéantir, nous laisse entrevoir le secret de cette immortalité qu'il faut entendre dans un sens raisonnable.

Nous abordons ici, la partie pratique de notre

---

(1) La résurrection se comprend lorsque les organes essentiels ne sont pas détruits.

enseignement. L'adepte qui suivra nos leçons avec persévérance se trouvera merveilleusement récompensé de ses efforts. Peu à peu, il se sentira plus fort, plus robuste, plus vigoureux. Les craintes, les tristesses, les appréhensions, disparaîtront de son âme comme de vains fantômes. Son cerveau enfantera des pensées nobles et élevées, et souvent d'une hauteur à donner le vertige.

Ces pensées, d'abord imprécises et fugaces, se fixeront tous les jours davantage. Des horizons nouveaux, tout resplendissants de lumière se découvriront à ses regards étonnés et ravis. Il aura conscience du « *feu* » qui le pénètre, de cet océan de « *Vie* » dans lequel il baigne et qu'il ignore. C'est alors qu'il commencera à éprouver des sensations étranges, à sentir de *mystérieux frôlements*. Isis, laissant tomber ses voiles, lui apparaîtra radieuse dans l'éblouissement de sa virginale nudité ! Mais le sanctuaire est fermé ; un sphinx en garde l'entrée. Il faut vaincre le sphinx et pénétrer de force ! « *Le royaume des Cieux souffre violence* », il faut l'emporter d'assaut ! Arrivé à ce point, tout arrêt serait une faute, toute défection un crime, source de regrets et de cruelles désespérances !

RESPIRATION TRANSCENDANTE

MÉTHODE DE CULTURE PSYCHIQUE

DEUXIÈME PARTIE

MÉTHODE DE CULTURE PSYCHIQUE

LEÇON PRÉPARATOIRE

CULTURE PHYSIQUE
et
CULTURE PSYCHIQUE

CULTURE PHYSIQUE

Un grand mouvement s'opère en ce moment vers la *culture physique*.

De nombreux ouvrages sont publiés sur ce sujet, ainsi que de magnifiques revues illustrées, en France et à l'étranger (1).

Des écoles spéciales de culture physique s'ouvrent partout et la jeunesse y afflue, les uns pour devenir *beaux*, les autres pour devenir *forts*.

En quoi consiste donc cet enseignement qui peut donner la force et la beauté ?

---

(1) Nous citons entre autres *La Culture Physique*, 48, Faubourg Poissonnière, Paris.

La culture physique nous apprend à exercer *tous les muscles du corps* par des exercices appropriés et prudemment gradués.

Ces exercices doivent être pratiqués à intervalles réguliers, plusieurs fois par jour pendant un certain nombre de minutes.

Sous l'influence de cette culture physique, patiemment et régulièrement pratiquée, la circulation du sang est activée, ainsi que le fonctionnement de tous les organes internes, les muscles augmentent de volume ; les chairs se raffermissent ; la peau devient souple et lisse, et peu à peu le corps se transforme complètement et dans une harmonie parfaite.

Aussi peut-on voir un garçon chétif, anémique et voûté comme un vieillard, changé après quelques mois de culture physique en un adolescent robuste et bien bâti.

Toutefois, la respiration n'a pas pris encore dans la culture physique toute l'importance à laquelle elle a droit, et nos efforts personnels vont tendre vers ce but.

Il faut que les jeunes gens qui vont vers l'athlétisme sachent bien qu'avant de se lancer dans les exercices *de force*, ils doivent fortifier d'abord leur thorax et leurs poumons par des exercices respiratoires méthodiques, régulièrement pratiqués (1). La poitrine est, en effet, la base, le point d'appui de *tout effort*. Donc tout homme qui ne peut prendre une grande respiration, et la retenir un certain temps, est incapable de produire un effort sérieux et de le soutenir.

Ceci posé et établi d'une façon incontestable, il est absolument indispensable à tous ceux qui veulent faire de la culture physique d'étudier notre livre et de pratiquer tous les exercices de respiration dans l'ordre indiqué. Ils seront très surpris, pour la plupart, d'apprendre que la respiration ne leur apporte pas seulement dans les poumons de l'air chargé d'oxygène qui revivifie le sang, mais encore une Force invisible et réelle, une véritable Force vitale que nous appellerons *Force-Vie* (2). Cette force va s'accumuler dans les centres nerveux et augmente l'énergie vitale ; ce fait d'une importance capitale, généralement ignoré et méconnu, fait comprendre mieux encore l'utilité et la valeur des exercices respiratoires, et certainement le zèle des culturistes en sera grandement accru.

---

(1) Voir notre ouvrage : La Santé par la *Science de la Respiration*, prix : 2 fr. *Bibliothèque universelle Beaudelot*, 36, rue du Bac, Paris.

(2) Au lieu du nom sanscrit de *Prâna*, sous lequel elle est désignée en Extrême-Orient.

La culture physique ne s'occupe pas seulement du développement des muscles, mais elle donne encore à ses élèves des notions d'hygiène générale et spéciale. Elle conseille d'entretenir le fonctionnement de la peau par les bains, les douches, les frictions et le massage ; de veiller à l'alimentation en faisant un choix judicieux parmi les aliments, pour ne retenir que les plus aptes à conserver le corps en bonne santé.

La viande et l'alcool, sous toutes ses formes, sont considérés par la majorité des hygiénistes comme des aliments nuisibles, donnant de l'*excitation* et non de la *force*, et comme ayant causé cette diathèse, aujourd'hui presque universelle : l'*arthritisme*.

Or, l'Arthritisme est le plus grand ennemi du sportman et de l'athlète en particulier, car les douleurs rhumatismales leur interdisent à tous deux de se livrer à leur sport favori.

A côté de ce résultat fort fâcheux, combien est plus terrible encore la situation de l'ouvrier dans l'impossibilité de gagner régulièrement son pain.

Aussi l'idée végétarienne fait-elle vivement son chemin. Les sportmen et les athlètes ont reconnu que ce régime leur assure plus de force et d'endurance et une meilleure santé.

L'ouvrier y trouve les mêmes avantages et en plus une grosse économie. Cette économie très importante sur la nourriture, la boisson et le tabac, lui permettra de se loger plus hygiéniquement, d'avoir un certain confort et de reconstituer un *véritable foyer* que le cabaret avait détruit.

La culture physique accomplit donc une œuvre de bien-être individuel, et cette œuvre deviendra sociale et humanitaire au fur et à mesure de son expansion dans la société et dans le monde.

Nous venons de montrer, aussi brièvement que possible, comment la culture physique fait développer harmonieusement le corps de l'homme en lui donnant par la pratique de certains exercices physiques : *force, beauté, endurance*, et *santé*.

CULTURE PSYCHIQUE

Nous allons étudier maintenant ce qu'est la *culture psychique*, et quels sont les avantages que l'homme, la société et l'humanité peuvent en retirer.

La *culture psychique* opère le développement harmonieux de l'*Ame* par l'exercice de *toutes ses bonnes facultés*.

Qu'est-ce que l'Ame ? — Voilà une question qui a fait couler l'encre à flots, et, actuellement, son existence n'est pas universellement admise. Ce qui n'empêche pas ceux qui la nient d'en posséder une.

Il y a deux cents ans à peine, on niait bien la rotation de la terre ! Galilée, qui avait prouvé le fait mathématiquement, fut obligé, sous peine de mort, de jurer que la terre ne tournait point. *E pur si muove !* (et pourtant elle tourne !) s'écria-t-il après avoir juré. Ceci prouve bien que les négations humaines n'empêcheront jamais *ce qui est* d'exister.

Pourtant, il semble bien difficile de nier l'existence de l'âme, même en admettant que le corps puisse vivre par lui-même, car ce serait nier la *personnalité* de l'individu.

Si la matière était capable de s'organiser et de vivre par elle-même, les individus seraient tous semblables et vivraient de la même manière. Il n'y aurait ni bons ni méchants, la vie étant purement instinctive, et le corps ne se mouvant que pour la satisfaction de ses besoins de nutrition et de reproduction.

Le corps n'a-t-il pas exactement la même composition matérielle immédiatement après la mort? Pourquoi alors ne vit-il plus? Quelque chose d'invisible, qui en était le *moteur*, est parti pour aller où?... et devenir quoi?.... La réponse à ces questions se trouve plus loin dans le cours des leçons.

Constatons seulement, pour l'instant, que le corps n'est qu'un organisme servant à la manifestation d'une force invisible, possédant l'intelligence et toutes les facultés morales.

C'est cette *force invisible* qui *pense;* qui *veut;* qui *aime;* qui *hait;* qui *fait vivre* le corps que nous appelons AME.

L'âme est donc un être hyperphysique, immatériel, capable de penser, de vouloir, de comprendre, d'aimer, de haïr, etc.; toutes choses abstraites que les cellules du corps ne peuvent sécréter.

L'âme possédant donc toutes les facultés

intellectuelles et morales qu'elle manifeste par l'intermédiaire du corps, nous pouvons faire la culture de l'âme, ou culture psychique en exerçant, en exaltant toutes ses facultés bonnes et en écartant, en détruisant ses facultés mauvaises.

Mais puisque l'âme est intimement unie au corps, il faut que celui-ci participe à ce travail, de sorte que la culture physique est intimement liée à la culture psychique.

Il existe des corps grossiers qui ne peuvent manifester que des sentiments grossiers ; mais ils peuvent s'affiner au moyen de la double culture physico-psychique, et progresser dans un temps plus ou moins long suivant le travail à accomplir.

Il existe des corps d'une délicatesse extrême qu'on dirait presque diaphanes ; ils appartiennent toujours à des âmes d'élite dont l'évolution est très avancée.

C'est donc l'âme qui façonne le corps, de manière à le rendre capable de manifester ses facultés acquises.

Les Forces sont invisibles.

C'est l'invisible qui règne sur le visible, le commande et se manifeste par lui.

Toutes les grandes forces naturelles ne sont-elle pas invisibles ? Vous ne pouvez voir que leurs manifestations, mais jamais la force elle-même.

L'*attraction*, cette grande force qui anime et maintient en équilibre l'univers tout entier; la *pesanteur*, manifestation de l'attraction sur notre globe terrestre, sont-elles des forces visibles ? Pourtant, sans elles l'univers ne serait qu'un informe chaos inerte et sans mouvement.

Non, ces forces sont absolument invisibles et, pourtant, non seulement elles existent, mais encore faut-il admettre leur suprématie sur tout ce qui est visible; le visible n'est donc que le jouet ou l'instrument de l'invisible.

Et, en effet, l'invisible a toujours existé et existera toujours. Il constitue la source de vie de tout le monde physique auquel il donne le mouvement, la chaleur, la lumière, la vie enfin sous toutes ces formes.

Nous dirons d'ailleurs aux matérialistes qui nient l'existence de l'âme de suivre notre cours de culture psychique, et, comme c'est à ses fruits qu'on connaît l'arbre, ils apprendront à connaître l'arbre qui porte les fruits qu'ils vont cueillir. Ils arriveront bientôt à *sentir* qu'ils ont une âme, que cette âme qui vibre en eux-mêmes est bien la meilleure partie de leur individu et constitue leur *véritable personnalité*.

Immortalité de l'Ame.

Ils se rendront compte que cette âme *ne vieillit pas* en même temps que le corps, ce qui prouve qu'elle possède une vie indépendante de celle du corps et qu'elle doit lui *survivre*.

Questionnez les personnes âgées ; toutes vous diront : « Mon corps est usé mais mon âme, ou mon esprit, est toujours aussi jeune qu'à vingt ans. »

C'est bien une preuve physique de la survivance et de l'immortalité de l'âme.

Réincarnation de l'Ame.

Si donc l'âme ne meurt pas, il importe beaucoup de s'occuper activemeut de son évolution. Or, on conçoit facilement que l'évolution de l'âme ne peut s'accomplir dans le cours d'une existence terrestre, si longue soit-elle, mais bien à la suite de nombreuses *réincarnations* successives, et que le nombre de ces réincarnations à subir sera de beaucoup amoindri si l'évolution de l'âme fait de grands progrès à chacune d'elles.

En tout cas, qu'on accepte cette théorie basée sur l'équité et le bon sens, ou qu'on ne l'accepte pas, on a tout à gagner à suivre et pratiquer nos leçons de culture psychique, même si on ne peut le faire d'une façon complète.

Nous ne faisons pas ici un cours de philosophie, nous ne parlons que de choses pratiques et nous avons essayé de donner une preuve tangible de l'existence de l'âme, non seulement par des arguments d'ordre général, mais encore par la *perception directe personnelle*.

Ce livre n'apprendra rien aux initiés ; il n'est pas écrit pour eux ; mais il peut être dans leurs mains un utile instrument pour l'éducation psychique de leurs élèves.

A tous ceux qui cherchent à se connaître eux-mêmes, à sortir de l'ornière, il montre la vraie voie à suivre. Il sera pour eux un guide prudent et sûr.

Notre But.

Nous avons écrit ce livre pour vulgariser la connaissance de l'âme et montrer comment on peut en développer toutes les beautés qui sont en elle à l'état latent au moyen de ce que nous appelons la *culture psychique*.

La culture psychique, en développant toutes les bonnes qualités de l'âme, l'amour du prochain, le dévouement, le pardon des offenses, et en détruisant l'égoïsme, l'orgueil, la haine et la vengeance, opérera dans la société une véritable révolution qui, sans effusion de sang, donnera à tous le bonheur, en faisant régner la JUSTICE par l'AMOUR !

PREMIÈRE LEÇON

CHAPITRE PREMIER

VIBRATION

Tout est vibration dans la nature, non seulement sur la terre que nous voyons, que nous habitons, mais encore dans l'univers entier.

Tous les corps qui paraissent inertes à nos yeux sont animés d'un mouvement vibratoire particulier à chacun d'eux.

Quand on cherche à connaître la constitution intime d'un corps, on trouve qu'il est formé par l'agglomération de *molécules* excessivement petites. Ces molécules sont formées elles-mêmes par la réunion de particules plus petites encore appelées *atomes*. Ces atomes sont animés d'un mouvement vibratoire excessivement rapide dont le mode et l'intensité varie avec chaque substance, ce qui en produit la personnalité.

Ces atomes seraient à leur tour divisibles en *ions* qui sont des unités de force.

La Matière ne serait que de la Force Condensée.

Les grands occultistes qui ont déclaré que la matière n'existait pas, parce qu'elle n'est autre chose que de la *force condensée*, avaient donc parfaitement raison et leur affirmation sera bientôt prouvée scientifiquement.

Depuis la découverte du radium, en effet, on a vu que certains corps pouvaient *retourner spontanément à l'état de force*, et que ce passage se faisait avec production de chaleur, de lumière et de radiations spéciales, et — ce qui est très important à constater — avec une perte de poids infime, mais appréciable.

On a pu alors calculer la valeur de la force extériorisée pour un poids de matière donné, et cette force est énorme. En effet, si, par exemple, un gramme d'une matière quelconque pouvait se dématérialiser instantanément, il se produirait une force de plusieurs millions de chevaux.

Mais si ces vibrations sont invisibles à nos

yeux, il en est d'autres qui affectent plus spécialement chacun de nos sens. Le son est un mode vibratoire qui affecte l'ouïe, la lumière affecte la vue, les parfums l'odorat, les saveurs le goût, la chaleur le toucher.

Harmonie Musicale et Harmonie Organique.

L'étude des sons, la musique, nous montre que les tonalités diverses s'accordent suivant certaines lois immuables. Les lois de l'acoustique, qui sont bien connues, peuvent par analogie nous faire connaître les lois auxquelles obéissent les autres modes vibratoires de la Force, car tout dans la nature peut se ramener à une unité de Force, à une seule Loi, à laquelle tout l'Univers est soumis.

La base de toute manière d'être, physique ou organique, est la *tonalisation*, que l'on peut considérer comme l'accord parfait de toutes ses parties entre elles.

L'état de santé de notre corps est donc une tonalisation, c'est-à-dire une harmonie parfaite produite par les vibrations de tous les organes, réglées et entretenues par le rythme des battements du cœur et des mouvements respiratoires.

Voilà pourquoi nous devons veiller à notre respiration dont le va-et-vient régulier, accordé avec les pulsations cardiaques, sera la base de notre santé d'abord et de notre développement psychique ensuite.

Respiration Rythmique.

On appelle respiration rythmique un mode respiratoire dont les différents temps se font à intervalles réguliers.

Pour ne pas sortir de la tonalisation spéciale à chacun de nous, il faut régler les mouvements respiratoires sur les battements du cœur, ce qui est facile à faire en plaçant les doigts sur le pouls.

La respiration rythmique comporte quatre temps : *premier temps*, inspiration ; *deuxième temps*, intervalle entre l'inspiration et l'expiration pendant lequel on retient l'air dans les poumons ; *troisième temps*, expiration ; *quatrième temps*, intervalle entre l'expiration et l'inspiration, pendant lequel les poumons sont vides d'air et se reposent.

Les temps d'inspiration et d'expiration (1er et 3e) doivent être égaux entre eux, c'est-à-dire de même durée ; les temps intercalaires (2e et 4e) doivent être égaux entre eux aussi, mais de durée moitié moindre que les autres.

Voici comment il faut pratiquer la respiration rythmique : s'asseoir sur une chaise, le dos bien droit et la tête aussi, placer un ou deux doigts d'une main sur le pouls de l'autre main de manière à en bien sentir les battements et pouvoir les compter facilement, puis respirer de la façon suivante :

1ᵉʳ *temps*. — Inspirez l'air par le nez en comptant : 1, 2, 3, 4, 5, 6, 7, 8 pulsations.

2ᵉ *temps*. — Retenez votre respiration en comptant : 1, 2, 3, 4.

3ᵉ *temps*. — Expirez l'air par le nez en comptant : 1, 2, 3, 4, 5, 6, 7, 8.

4ᵉ *temps*. — Repos en comptant : 1, 2, 3, 4.

Faire 20 respirations semblables.

Cette respiration rythmique ou transcendante est la base de tous les autres exercices et vu son importance, elle fait l'objet, à elle seule, de notre première leçon.

Elle doit être pratiquée trois fois par jour.

Il faut s'habituer à compter d'après le rythme du pouls, et quand on aura bien ce rythme dans la tête, on pourra respirer désormais les mains libres.

Bien entendu, pour bien pratiquer cette respiration, il faut avoir déjà appris à fond la *pleine respiration*, et avoir pratiqué quelques-uns des exercices donnés dans notre premier livre cité plus haut, et cela pendant deux ou trois mois, sans cela on n'y arriverait pas.

En toutes choses il faut beaucoup de patience et, dans le travail qui nous occupe, il en faut énormément. Il ne faut pas se presser, sinon on ne parviendrait pas au résultat que l'on recherche.

Purification du Corps. — Régime.

Il faut comprendre, en effet, que notre corps est loin d'être prêt à recevoir et à manifester les facultés supérieures de l'âme, et qu'il lui faut subir, pour cela, une longue et patiente préparation, non seulement par la pratique de la respiration mais encore par une alimentation saine et pure.

Petit à petit on éloignera la viande et le poisson de son alimentation, et on arrivera *progressivement* à ne se nourrir que de céréales, pâtes, légumes secs, légumes frais, fruits secs et frais, œufs et laitages.

Les boissons fermentées ou alcooliques sont exclues aussi de tout régime qui doit purifier le corps. On boira de l'eau fraîche, naturelle, que l'on pourra occasionnellement additionner de sucre, jus de citron, jus de fruits, jus de raisin. La fabrication de ce dernier produit se fait en ce moment en grand, et facilite beaucoup l'élimination du vin aux personnes qui s'en déshabitueraient difficilement.

Quand on aura reconnu que la viande et l'alcool sont des aliments impurs, nuisibles à la santé, on ne souffrira pas longtemps de leur suppression, et bientôt, au contraire, on n'éprouvera plus, pour eux, que dégoût et répulsion.

Résumons maintenant en quelques lignes la partie *physique* de la première leçon, que, c'est bien entendu, vous ne devez pratiquer que si vous avez été sérieusement entraîné par la pratique de la pleine respiration, ainsi qu'il est dit plus haut. Ceci est absolument nécessaire, nous le répétons et nous insistons là-dessus, dans votre intérêt même, car vous perdriez votre temps à bâtir un édifice sur le sable. Tôt ou tard, il s'écroulerait et toute la peine serait perdue.

La respiration rythmique sera donc pratiquée 3 fois par jour. Il est nécessaire, pour cela, de se retirer dans une chambre où l'on soit seul et bien sûr de ne pas être dérangé. On fera alors 20 respirations rythmiques, consécutives, en comptant d'après les pulsations. Ces petites séances pourront se faire le *matin au lever, avant le repas de midi et le soir avant de se coucher.*

On ne doit pas passer à la seconde leçon avant

de faire parfaitement l'exercice de respiration rythmique donné page 133 que nous désignerons par la formule 8/4 et de savoir bien compter les temps sans l'aide du pouls.

Il faudra un bon mois d'exercice régulier pour y parvenir et quelquefois plus.

CHAPITRE II

EXERCICES DE CULTURE PSYCHIQUE

Mais ce n'est pas tout. La respiration rythmique et le régime vont commencer la purification du corps ; il faut, en même temps, s'occuper de la purification de l'âme, c'est-à-dire entreprendre notre *culture psychique*.

Le mot de culture est bien approprié à la chose, car on peut comparer notre âme à un grand jardin. Si le jardin est bien cultivé, il sera, en toutes saisons, orné de belles fleurs et on s'y promènera avec joie, avec bonheur ; dans le cas contraire, le jardin sera envahi par les mauvaises herbes qui étoufferont les bonnes plantes qu'on y aura semé négligemment. On se détournera de ce jardin mal entretenu, car sa vue attriste.

Les jolies fleurs sont les vertus ; appliquons-nous à les soigner de notre mieux ; les mauvaises herbes, les lianes grimpantes et étouffantes, sont les vices, les passions, les défauts de toute sorte que nous devons détruire sans pitié.

Examen de Conscience.

Regardons donc en nous-mêmes ce qui se passe ; plaçons notre âme à nu devant le miroir de la conscience, et faisons impartialement l'inventaire de nos qualités et de nos défauts. Il faudra nous appliquer à conserver, à augmenter les premières et à nous débarrasser des secondes.

*
* *

Guerre à nos Défauts.

L'ÉGOISME est le défaut le plus répandu et en même temps le plus tenace, le plus dur à déraciner ; c'est le premier qu'il faut attaquer, et contre lequel il faut lutter avec une persévérance infatigable, car il repousse constamment, ses racines étant aussi vivaces que profondes.

Les fleurs de l'égoïsme sont l'orgueil, la vanité, le mépris pour les inférieurs, la jalousie, la rapacité, l'avarice, la rancune, la haine et la vengeance.

Cultivons nos Vertus.

Cessons de cultiver dans notre jardin d'aussi vilaines fleurs, dont l'aspect n'est rien moins qu'agréable; arrachons cette plante de l'égoïsme, et plantons à sa place celle de l'Amour dont les fleurs sont le dévouement, la bonté, le désintéressement, la compassion, la générosité, le désir de soulager les malheureux et le pardon des offenses ou des torts, quels qu'ils soient. Voilà un bouquet de fleurs bien autrement beau et attirant, et dont la senteur embaume; aussi entourons la plante qui les produit de tout nos soins, de notre plus tendre sollicitude.

C'est un travail ardu et pénible que nous vous donnons à faire, mais il faut vous y mettre de suite et vous y livrer sans relâche, chaque minute de l'existence vous donnant une occasion de corriger un défaut, de développer une qualité. La voix de votre conscience vous aidera toujours en vous dictant votre conduite; habituez-vous à l'écouter et à lui obéir.

Mettez-vous donc, dès aujourd'hui, à l'œuvre ; cultivez aussi soigneusement que possible votre jardin. Quelque soit l'état dans lequel il se trouve, ne vous rebutez pas devant le dur labeur et commencez à défricher la lande inculte, le maquis embroussaillé. Vous serez largement récompensé de vos peines.

Ouvrez votre cœur à l'*Amour*, il viendra à votre appel vous apporter la *paix* et l'immense satisfaction du *véritable devoir* accompli.

Commencez par vous armer de *patience*, ne vous laissez plus aller à la *colère*, apprenez à vous dominer vous-même, à être votre propre maître.

Le Corps au second Plan.

Que les besoins, les désirs, les satisfactions de votre corps passent au second plan, au lieu de déterminer toutes vos actions, de dominer toute votre existence.

Le corps n'est rien, puisqu'il est périssable; c'est dans l'âme, dans l'âme immortelle, que se trouve votre *véritable personnalité,* celle où sont accumulées, mais à *l'état latent,* toutes les aptitudes, tous les pouvoirs.

Certes, notre corps, qui est la manifestation actuelle de notre âme, mérite des soins, mais il doit demeurer sous la domination de l'âme, qui doit rester maîtresse absolue de la maison.

Il faut donner au corps une alimentation saine et justement mesurée à ses besoins; des soins de propreté journaliers, et des vêtements simples et commodes.

Les désirs sexuels, qui sont devenus, par atavisme, trop précoces et trop impérieux, doivent être réfrénés et limités, dans le mariage, à l'acte naturel et nécessaire de la reproduction.

La force que la jeunesse perd dans des satisfactions malsaines est incalculable, et les maux et les souffrances qui en découlent tôt ou tard, sont incalculables aussi. Combien périssent prématurément victimes de leurs excès !

Les désirs du corps deviennent vite des passions indéracinables, si l'âme ne les gouverne pas sévèrement, ne lui donnant que ce qui est nécessaire pour son bien, pour son développement harmonieux. Tel un enfant qui, mal élevé, possède tous les défauts et devient insupportable, ou qui, bien élevé et dirigé, n'a que des qualités et se montre charmant et sympathique.

Appliquons-nous donc à être les maîtres de notre corps, corrigeons-le des mauvaises habitudes que nous lui avons laissé prendre, et il deviendra un enfant bien élevé, doux et obéissant.

Mais, pour cela, il faut laisser commander l'âme et non le corps, écouter la voix de la *conscience* et non celle du *désir*.

L'âme est une fleur merveilleusement belle, qui ne peut se développer que dans un terrain convenablement préparé. Ce terrain c'est un corps pur, détaché de tout ce qui est matériel, vivant la vie dans une atmosphère d'amour, de charité, de dévouement.

L'intermédiaire entre l'Ame et le Corps.

Entre l'âme et le corps il existe un intermédiaire *l'Esprit* (1). L'esprit est le principe agissant, le serviteur intelligent qui servira avec le même zèle, mais indifféremment, celui de ses deux maîtres qui aura la suprématie sur l'autre.

Chez l'homme dominé par les passions, les désirs de son corps, l'esprit mettra tout en œuvre pour les satisfaire, et l'âme sera reléguée au second plan dans l'impossibilité de se développer. Elle devra se contenter de donner des avis par la voix de la conscience, avis, bien rarement écoutés.

Chez l'homme de bien, l'esprit est au service de l'âme, et met tout en œuvre pour permettre le développement de celle-ci et l'épanouissement de toutes ses qualités.

---

(1) Nous donnons, pour plus de facilité, ce nom au *corps astral*, appelé aussi *corps du désir* et qui contient le principe de *vie* et d'*énergie*.

Comment redevenir Homme de Bien.

Mais, direz-vous, comment l'homme entraîné par ses passions, peut-il devenir un homme de bien ? Voici : il arrive un moment où l'homme qui n'a écouté que les désirs de son corps et qui les a assouvis avec passion, est devenu victime de ses propres excès ; son corps épuisé est malade ; il souffre ; il ne peut plus se livrer à ses jouissances accoutumées. C'est alors qu'il rentre en lui-même, que la voix de la conscience se fait forte, se fait écouter, et que l'Esprit reconnaît son erreur. Il se retourne alors vers l'âme, se met en communication plus étroite avec elle, et, petit à petit, devient son serviteur fidèle. Il travaille alors pour faire du corps un temple digne de recevoir l'âme divine, le véritable *moi* méconnu jusqu'ici, et il se met à en cultiver avec ardeur le jardin, arrachant avec soin toutes les mauvaises herbes et ne semant plus que les graines de toutes les vertus. Bientôt, dirigé par l'âme avec laquelle il entre en communion de plus en plus parfaite, le corps se sanctifie ; il devient un sanctuaire digne de l'âme qui ne le quitte plus, le rend presque immatériel, ce qui lui permet de manifester tous ses pouvoirs reçus directement du Divin créateur. — « C'est la lumière qui illumine tout homme venant en ce monde », a dit Saint-Jean ; et plus loin dans le même Evangile il dit encore, en parlant de Celui qui est la Lumière. — « Mais à tous ceux qui L'ont reçu il a donné le pouvoir de devenir *Fils de Dieu* »

« ET VERBUM CARO FACTUM EST. »

Pouvoirs Merveilleux.

Vous pourrez donc devenir Fils de Dieu et, comme tel, commander à la nature, chasser les démons, guérir instantanément les maladies incurables, vous transporter d'un lieu à un autre, et, animé par la vraie foi, imiter la vie de Jésus sur la terre.

Voilà la vraie *richesse* à acquérir. Une fois acquise, ni les voleurs, ni la mort ne peuvent vous la ravir, parce qu'elle est éternelle comme vous-même.

C'est là, d'ailleurs, le véritable but (combien ignoré !) de notre existence ou plutôt de nos existences terrestres successives. L'on conçoit, en effet, qu'il est impossible de l'atteindre dans une seule existence. Il en faut un nombre considérable pour passer par toutes les épreuves et arriver à trouver la *vraie voie*.

Cher lecteur, ce livre est un *guide* tombé providentiellement entre vos mains pour vous orienter sur l'Océan de la vie, vers le port que vous devez atteindre. Vous venez d'apercevoir ses feux dans le lointain ; ne les quittez plus des yeux, et dirigez vers eux, votre nacelle d'une main ferme, sans jamais plus la laisser aller à la dérive.

Inanité des Biens Terrestres.

Considérons un instant l'homme qui ne désire que richesses et honneurs. Il travaille avec acharnement, et souvent même il ne recule pas devant le crime, pour arriver au but qu'il s'est proposé d'atteindre. Ce but est atteint, il possède enfin richesses et honneurs. Mais que ces biens sont périssables ! En un jour ils peuvent être perdus pour lui, avant même que la mort ne l'en dépouille sûrement pour toujours.

Combien de fois faut-il faire cette expérience avant de comprendre la leçon et d'être convaincu de l'inanité des choses terrestres ? Mystère... Mais l'homme, qui a compris la leçon, peut se considérer comme assez évolué pour marcher dans le sentier de la Vie éternelle et comme un sujet de Celui dont le Royaume n'est pas de ce monde.

Nous donnons maintenant une courte prière qui devra être apprise par cœur et récitée avant chaque exercice de respiration.

PRIÈRE

Amour pur qui règnes sur tout l'Univers, remplis mon cœur afin que je puisse aimer de toutes mes forces le Divin Créateur de toutes choses, mon prochain et tous les êtres vivants.

Divin Maître, je te remercie pour ce que tu as fait pour moi; j'ai placé en toi toute ma confiance, toutes mes espérances; j'ai une foi absolue dans ton Savoir infini, dans ta Toute Puissance et dans ton mmense Amour pour toutes tes créatures.

Sagesse Divine, réfléchis-toi continuellement dans mon esprit; sois mon flambeau, mon soutien et mon guide, et je marcherai en toute sécurité dans le sentier de la Vérité! Amen.

CHAPITRE III

EMPLOI DE LA JOURNÈE POUR LES PERSONNES QUI SUIVENT LA PREMIÈRE LEÇON

Se lever le matin avec le jour, se vêtir sommairement.

Ouvrir sa fenêtre toute grande pour bien aérer sa chambre et faire pendant ce temps, debout à la fenêtre, 10 pleines respirations.

Fermer ensuite la fenêtre, se recueillir et dire la prière. On peut la faire seule ou y ajouter toute autre prière qu'on avait l'habitude de faire.

S'asseoir ensuite sur une chaise et faire l'exercice de respiration rythmique, formule 8/4, 20 fois de suite. (Voir page 133).

Penser ensuite à ce qu'on va faire dans la journée, et prendre la résolution de faire strictement son devoir envers les autres et envers soi-même.

Bien se pénétrer de l'idée qu'il faut *aimer son*

prochain, qu'il soit bon ou mauvais. Il n'y a pas de mérite à aimer qui nous aime, mais il y en a beaucoup à aimer qui ne nous aime pas, qui nous a fait du tort ou du mal. Plaignez celui qui est méchant et pardonnez-lui. Renoncez à toute idée de vengeance et de représailles, qui ne font qu'entretenir le mal et l'augmenter, tandis que le pardon éteint le mal et ramène la paix.

Après ces quelques minutes de méditation, faire ses ablutions, sa toilette, son premier repas et vaquer à ses occupations habituelles.

Un peu avant le repas de midi se retirer dans sa chambre, se recueillir, réciter la prière et faire l'exercice de respiration rythmique 8/4, 20 fois de suite comme plus haut.

Passer ensuite en revue mentalement les actes accomplis dans la matinée, et voir s'ils ont été en conformité des règles données. Méditer quelques instants sur les idées de Devoir, d'Amour et de Pardon, puis prendre son repas suivant le régime établi page 135.

Retourner ensuite à ses occupations, et, celles-ci terminées, prendre le repas du soir.

Après ce repas, occuper son temps jusqu'à l'heure du coucher qui ne doit pas être tardive. Sauf de rares exceptions, il faut se coucher à 9 heures du soir et prendre l'habitude de s'endormir de bonne heure, pour pouvoir se lever de grand matin.

Avant de se mettre au lit, faire comme le matin et à midi la troisième et dernière séance de culture psychique, qui consiste toujours dans le recueillement, la prière, l'exercice de respiration 8/4, et la méditation sur les actes accomplis dans la journée et sur les idées de Devoir, d'Amour et de Pardon (1).

Evitez de passer des heures inutiles dans les cafés, où l'on critique son prochain et où l'on boit sans soif des liquides malfaisants.

Evitez aussi d'aller passer vos soirées dans les cafés-concerts ou music-hall, où par des chansons égrillardes et des exhibitions indécentes les sens sont excités anormalement.

N'allez au théâtre que pour entendre de la belle musique ou voir jouer des pièces ayant un but moralisateur.

Bien souvent cette marche à suivre changera beaucoup nos habitudes, mais cela ne fait rien, suivez-la strictement et bientôt vous vous sentirez devenir meilleur, vous vous trouverez grandi à vos propres yeux, vous serez étonné de vous

---

(1) Cet exercice peut être fait avant le dîner si on le préfère.

sentir plus calme, plus fort, moins énervé et irritable.

Vous sentirez la paix entrer en vous-même et y régner en maîtresse.

Pratiquez consciencieusement et patiemment de un à trois mois cette première leçon de culture psychique avant de passer à la deuxième.

Quand vous en aurez le temps relisez la leçon tout entière une fois par jour, chaque fois vous y remarquerez quelque chose qui avait passé inaperçu, et peu à peu vous vous assimilerez, et ferez vôtres, les idées qui y sont développées ou seulement indiquées.

DEUXIÈME LEÇON

TRANSFORMATION DES FORCES

Si vous avez bien suivi les instructions données dans la première leçon, et cela pendant un temps suffisant, un grand changement s'est opéré en vous-même, au physique comme au moral.

Changement opéré

Sur le *plan physique*, la respiration rythmique a régularisé la circulation du sang, celle du fluide nerveux et toutes les fonctions organiques se font mieux ; sous ces influences, aidées par un régime plus rationnel, l'état de santé du corps s'est accru d'une façon très sensible, et l'attitude générale manifeste l'harmonie intérieure par une impression de calme et de force qui se dégage de votre personne, et qui sera remarquée par vos parents, vos amis et vos relations.

Sur le *plan psychique*, le changement est tout aussi considérable.

Vous constatez que vous êtes devenu bon, vous ne méprisez plus les malheureux ou les inférieurs, vous ne détestez plus les méchants, vous les plaignez, et vous souffrez de les voir lancés dans une voie néfaste, d'où ils ne pourront sortir qu'après avoir expié, par des souffrances sans nombre, tout le mal qu'ils ont fait autour d'eux !

Vous ne vous mettez plus en colère, vous n'avez même presque plus de mouvements d'impatience ou d'irritabilité.

A force de méditer plusieurs fois par jour sur les idées de Devoir, d'Amour et de Pardon, vos pensées se sont élevées, vous jugez les choses de la vie sous un jour différent, et vous attachez moins d'importance aux choses matérielles.

Les richesses, les honneurs, les flatteries commencent à vous laisser indifférent. Vous voulez bien travailler pour acquérir une modeste aisance, mais vous n'enviez plus les riches et les haut placés, car vous avez dépouillé les idées d'orgueil et de vanité dont vous avez compris l'inanité.

Les richesses vous viendront peut-être, mais

vous saurez les employer à faire du bien, à soulager les malheureux et les malades, et non à vous entourer d'un luxe inutile pour parader vainement devant le monde.

Vous êtes définitivement entré dans la voie du bien et sous aucun prétexte vous ne devez plus en sortir.

Tentations.

Ce ne sera pourtant pas sans peine que vous persévérerez, car à mesure que vous dépouillerez « le vieil homme », celui-ci aura des retours offensifs pour reconquérir son ancienne suprématie.

Sous l'influence de tentations qui se produiront, des désirs plus ou moins violents viendront jeter le trouble dans le royaume de paix que vous commencez seulement à habiter.

Vous imposerez silence à ces désirs, mais si une défaillance se produisait, ne vous découragez pas : reprenez vite le dessus et promettez-vous bien de ne plus succomber une autre fois.

Comment on devient Magnétique.

C'est par l'accumulation continue de la Force-Vie dans les centres nerveux que l'on devient *magnétique;* c'est-à-dire qu'on peut influencer les autres, les attirer ou les guérir de leurs maladies, en dirigeant sur eux un courant de cette Force-Vie qui sort de notre corps par les mains, le regard et l'haleine. Cette force qui émane ainsi de nous-même est connue sous le nom de magnétisme. Le moyen de se servir de cette force magnétique fera l'objet de la quatrième leçon ; mais il était bon d'indiquer dès maintenant, très sommairement, ce que c'est que le magnétisme et comment s'acquiert la force magnétique.

Cette deuxième leçon est, en fait, la continuation de la première, toutefois avec une sérieuse différence dans l'amplitude des respirations.

Exercice respiratoire pour la transformation des Forces.

1ᵉʳ *temps*. — Faire une inspiration complète très lentement par le nez, tout en disant mentalement : *Je transforme la force de ce désir en Force-Vie.*

2ᵉ *temps*. — Retenir la respiration en disant mentalement : *J'accumule cette Force-Vie dans le plexus solaire.*

3ᵉ *temps*. — Faire l'expiration lentement en disant mentalement : *Cette force fait maintenant partie de moi-même et je puis en disposer à volonté.*

La connaissance de ce procédé de transformation des forces mauvaises en forces bonnes et utiles, est un immense bienfait dont vous apprécierez bien vite les heureux effets.

Accumulation de la Force-Vie.

Ne vous inquiétez donc plus si des désirs vous viennent, au contraire, puisque c'est l'occasion d'acquérir des forces nouvelles que vous pouvez pour ainsi dire *emmagasiner*.

Ce mot est bien juste, car la Force-Vie s'accumule très bien dans les centres nerveux et surtout dans le plexus solaire, où elle constitue une réserve plus ou moins importante parfaitement utilisable à un moment donné.

Le tout est, pour la conserver intacte, de ne pas la gaspiller en transports de colère, en mouvements passionnels ou en idées tristes ou de découragement.

Comment transformer la Force d'un Désir en Force-Vie

D'ailleurs sachez que la force de ces désirs peut-être transformée en *Force-Vie*, et accumulée dans les centres nerveux pour le plus grand bien de vos facultés psychiques.

La transformation des forces sur le plan physique a été très bien étudiée et est constamment utilisée en mécanique.

Ainsi vous savez que le mouvement peut être transformé en chaleur, en électricité, en lumière; la chaleur, l'électricité peuvent à leur tour être transformées en mouvement, etc.

Dans le plan psychique ou mental, c'est la même chose, les forces peuvent être transformées par la *force-pensée* ou la *volonté*.

Pour transformer la force d'un désir en *Force-Vie*, il suffit de le penser, de le vouloir.

On peut associer cette pensée à un exercice de respiration qu'on répètera cinq ou six fois de suite, jusqu'à ce que l'on sente le désir s'évanouir.

Circulation de la Force-Vie.

Il vous suffira de diriger par la pensée ce courant chaud, d'abord dans la cuisse gauche ou droite, puis dans la jambe, et enfin jusqu'au pied.

Vous vous exercerez ensuite à faire circuler la Force-Vie dans les intestins, l'estomac, le foie, le cœur, les poumons, puis enfin dans le cerveau, en passant par la moelle épinière.

C'est surtout pendant le cours de la leçon suivante que ces exercices de circulation de Force-Vie pourront se faire avec toute la précision voulue. Et quand vous en serez là, soyez persuadé que vous aurez fait *un très grand pas en avant*.

Vous commencez, en effet, à pouvoir *diriger* la Force-Vie en vous-même, ce qui est d'une très grande importance, car le passage de cette Force dans les profondeurs du corps vous fera sentir ces organes dont vous n'avez jamais perçu la présence jusqu'ici. Elle vous fait donc faire connaissance avec les parties les plus cachées de votre corps et vous donne comme un sixième sens, celui de la *perception intérieure* (1).

Quand vous sentirez que la Force-Vie obéit facilement à votre pensée, vous pourrez la diriger avec la même précision hors de vous, soit par contact — c'est par là que l'on commence d'abord — soit à distance rapprochée, puis de plus en plus grande.

Tout cela est vite dit, mais ce n'est pas vite fait. Cela demande un temps très long, mais le temps n'est rien, le résultat est tout.

Et puis le fait de rechercher, de ressentir ces diverses sensations, donne un attrait extrême aux séances de respiration, que l'on fait de plus en plus facilement, et que l'on aime toujours davantage.

Aussi, devant les premiers résultats acquis par le travail dur et opiniâtre du début, est-on encouragé à continuer avec plus de persévérance sa culture psychique.

---

(1) A la fin de la troisième leçon nous donnons un exercice de respiration spécial pour effectuer la circulation de la Force-Vie dans tout le corps. Voir page 183.

Fait nouveau

D'ailleurs un fait insignifiant en apparence, mais très important en lui-même, va commencer à se produire plus ou moins vite pendant le cours de cette leçon.

Vous commencerez à percevoir, pendant que vous retenez votre respiration, une sensation de chaleur au milieu ou à la base du dos.

Cette chaleur est la preuve manifeste de l'accumulation de la Force-Vie dans le plexus solaire, ou plus bas dans le plexus sacré.

Cette sensation, d'abord vague et fugitive, deviendra de plus en plus nette à chaque séance, et bientôt vous pourrez vous exercer à la faire voyager dans les diverses parties du corps.

Nouveaux Exercices de Respiration Rythmique

Les séances de respiration rythmique auront toujours lieu aux mêmes heures, précédées de la prière et suivie des mêmes méditations sur les idées de devoir, d'amour et de pardon, qui doivent nous inspirer et nous dicter notre conduite dans tous les actes de la vie courante.

Pendant les premiers quinze jours il faudra respirer d'après la formule 10/5 c'est-à-dire compter 10 pulsations pendant l'inspiration et l'expiration, et 5 pendant les temps intermédiaires.

Durant les quinze jours suivants il faudra respirer d'après la formule 12/6.

Cette quinzaine passée on pourra prendre la formule 14/7 et quinze jours plus tard la formule 16/8 à laquelle on peut se tenir comme étant suffisante.

Pourtant on peut aller jusqu'à la formule 20/10 qui doit rester le tout maximum.

La durée de cette leçon sera donc forcément

de deux mois pour les personnes qui s'arrêteront à la formule 16/8 et de trois mois pour celles qui poursuivront jusqu'à 20/10.

Le temps peut paraître long, mais peut-on faire quelque chose de durable sans lui ?

Il faut donc s'armer toujours de patience et de persévérance, et avoir constamment devant les yeux la noblesse du but poursuivi.

TROISIÈME LEÇON

CONCENTRATION DE PENSÉE

Qu'est-ce que la Pensée ?

La pensée est, pour ainsi dire, la manière d'être de l'*Intelligence*. C'est par la pensée surtout que l'intelligence manifeste son activité.

La pensée engendre l'idée ou bien la développe et la met au point.

La pensée est donc la force mentale par excellence, mais il faut savoir l'employer.

Concentration de la pensée.

La chose est bien simple, sinon facile, c'est de ne penser qu'à une seule idée à la fois.

C'est ce qu'on appelle la *concentration de pensée.*

Il faut s'exercer à concentrer sa pensée, car c'est une force considérable au moyen de laquelle on peut obtenir des effets extraordinaires.

Pour cela, il faut se recueillir dans l'isolement et commencer par chasser toute pensée de son esprit. Tâchez de ne penser à rien, et quand vous pourrez rester *12 à 15 secondes* sans permettre à aucune pensée de traverser votre esprit, vous aurez fait un premier pas important dans cette nouvelle science.

Après cela, choisissez une idée abstraite ou matérielle, et concentrez sur elle toute votre pensée. De cette concentration naît une image qui se fait de plus en plus nette, et cette image n'est pas une illusion, elle existe réellement sur le plan mental, créée avec de la substance mentale. En donnant, par la concentration continuée assez longtemps plus de force à cette image, elle peut se réaliser sur un plan plus substantiel, le *plan astral* qui est le substratum du plan physique.

Matérialisation d'une Image sur le Plan Physique.

L'image ayant pris forme avec la matière astrale, il ne reste qu'à continuer l'action de concentration pour qu'elle se matérialise sur le plan physique.

L'expérience est curieuse et intéressante : vous pouvez la réaliser.

Pour fixer les idées, voulez-vous modifier quelque chose dans votre figure ? Voulez-vous même vous faire un visage de toute beauté ?

Exercice de Concentration.

Vous n'avez qu'à appliquer les règles données plus haut et procéder de la façon suivante : après chaque séance de respiration recueillez-vous bien et pensez à la figure que vous désirez avoir, et faites-vous une image mentale du portrait auquel vous voulez ressembler.

Une fois cette image obtenue, et elle ne vient pas toujours vite, vous dites : *ceci est mon visage, mon visage est ainsi !* Il faut affirmer le fait et le regarder comme accompli.

Il faut concentrer votre pensée sur l'image pendant 15, puis 30 minutes, toujours en répétant les paroles affirmatives ci-dessus.

Il faut aussi respirer profondément pendant tout le temps de la concentration, et il est bon, pour activer la transformation cherchée, de se couvrir la tête d'un large foulard et de promener les mains, dessous le foulard sur le visage en le pétrissant doucement avec les doigts comme si on faisait du modelage. Cette pratique aide et facilite beaucoup la nature dans son travail d'adaptation de l'image astrale à l'image physique.

Vous pouvez par le même procédé faire pousser vos cheveux, votre barbe, votre moustache et même en modifier la couleur.

Le tout est d'arriver à se faire une image bien nette, toujours la même, une image vivante de la réalisation désirée ; une fois cette image obtenue sur le plan astral, sa transformation sur le plan physique n'est qu'une question de peu de temps.

Au bout d'une semaine de concentration bien suivie, un changement évident est déjà obtenu et cela encourage à continuer pour compléter l'œuvre commencée.

Il est certain que ces séances prennent beaucoup de temps, et que les personnes très affairées ne pourront pas y consacrer le temps voulu. Que ces personnes se contentent de faire simplement leurs exercices de respiration et de Culture psychique, et qu'elles attendent l'occasion qui se présentera tôt ou tard de faire de la concentration.

Une fois que vous aurez bien constaté par un fait matériel, la force de *réalisation* de la concentration de pensée, vous pourrez concentrer votre pensée sur les idées de bonheur, d'amour, de santé, etc.

Quand vous concentrez sur *bonheur*, il ne faut pas dire : je suis heureux, mais bien : *je suis bonheur; le bonheur est en moi;* et vous ferez de même pour amour, succès, santé, etc.

Mais pendant toute la séance il ne faut poursuivre que la réalisation d'une seule idée, et maintenir la même idée pendant toute la journée et même toute une semaine, quand on le juge nécessaire et jusqu'à ce que l'on ait obtenu le résultat désiré.

Tout est en vous.

Toutes ces qualités que vous désirez, *vous les avez en vous même, Dieu vous les a données en créant votre âme à son image avec une parcelle de lui-même* ; elles sont donc conservées dans votre âme à l'état latent et n'attendent que le moment favorable pour se manifester.

Ce moment favorable il ne tient qu'à vous de l'amener à se produire.

Vous avez maintenant la clef du tabernacle où sont cachées toutes les splendeurs de votre âme.

N'êtes-vous pas désireux de vous en servir ? de rentrer en vous même et d'y admirer la beauté de votre âme que jusqu'ici vous aviez totalement ignorée ?

Sachez-le bien, tout *bonheur est en* vous-même ; n'attendez rien des hommes. C'est à eux au contraire que *vous devez donner ;* c'est sur eux que vous devez répandre les *trésors d'amour* que vous allez découvrir en vous-même.

Peu importe qu'on ne vous en soit pas reconnaissant; la source de l'amour est inépuisable.

Laissez-la couler à pleins bords et il viendra un jour (bien lointain, hélas!) où il submergera toutes les mauvaises volontés et où il éteindra le flambeau du mal!

Il faut du Temps.

Que le temps nécessaire pour arriver à de si merveilleux résultats ne vous paraisse pas trop long, et prenez-le délibérément sur votre journée.

Quand vous voulez apprendre à jouer d'un instrument de musique, vous savez fort bien qu'il vous faudra employer tant d'heures pour les leçons, et tant d'heures pour les études et pour les exercices ; vous savez aussi que plus vous devenez fort sur cet instrument, plus vous devez consacrer de temps à vos études musicales.

C'est la même chose pour la *culture psychique*. Il vous faut autant de temps pour devenir un *sage* que pour devenir un grand virtuose, voilà tout.

Et quelle différence dans le résultat !

Quelles satisfactions intimes vous allez éprouver en faisant ce voyage en vous-même, en explorant ce royaume qui est à *vous toujours* et que vous ignoriez jusqu'ici, en découvrant à chaque pas de nouvelles qualités, de nouvelles vertus qui vous transporteront de joie !

Conseils.

Mais prenez garde de ne pas vous enorgueillir de tous ces trésors dont vous êtes dépositaire, et que vous devez répandre autour de vous en restant *humble* et *simple*.

Ayez la même indifférence pour les flatteries que pour les médisances et les sarcasmes, car vous serez abreuvé des unes et des autres.

Bien que vous agissiez dans le silence et le recueillement, les curieux arriveront à savoir à quoi vous employez une partie de votre temps, et on ne manquera pas de vous plaisanter à ce sujet, même de vous détourner de votre œuvre en cherchant à vous prouver que c'est ridicule, que vous perdez votre temps... et votre raison !

Ne méprisez pas ceux qui vous parlent ainsi, ne vous mettez pas en colère contre eux, car ils sont de bonne foi. Ils sont à plaindre parcequ'ils ont le malheur de ne pas *savoir*, de ne pas vouloir apprendre, et parce que l'heure n'est pas encore venue pour eux.

Plaignez-les donc d'avoir des yeux pour ne point voir, des oreilles pour ne pas entendre et une intelligence pour ne pas comprendre ; parlez-leur avec douceur et, s'ils ne veulent pas vous écouter éloignez-vous en leur pardonnant.

Cette attitude calme et digne leur en imposera plus que tous les discours, parce qu'elle indique une véritable supériorité morale que vous avez déjà obtenue.

Voici l'exercice annoncé à la fin de la deuxième leçon :

**Exercice pour la Distribution de la " Force-Vie "
dans tout le Corps.**

Cet exercice, devant être pratiqué couché sur un lit ou sur le sol, sera exécuté de préférence le matin avant de se lever ou le soir après s'être mis au lit. Il est très calmant et très fortifiant. Le matin il donne des forces pour la journée, le soir il repose des fatigues éprouvées. Toujours il entretient le corps en bonne santé.

Se tenir couché bien à plat, les muscles relâchés, le corps dégagé de tout vêtement gênant, les mains reposant légèrement sur le creux de l'estomac au-dessus du plexus solaire.

Respirer rythmiquement suivant la formule 16/8 ou 20/10. Faire quelques respirations consécutives de manière à bien établir le rythme et ne plus avoir à y penser.

Le rythme bien établi, *pensez* que, pendant *l'inspiration*, beaucoup de Force-Vie pénètre avec l'air dans vos poumons et qu'elle va immédiatement s'accumuler dans le plexus solaire. Réalisez l'image de la Force-Vie faisant irruption avec l'air dans vos poumons, et allant s'absorber dans le plexus solaire pendant tout le temps que la respiration est retenue.

Pendant *l'expiration, pensez* que la Force-Vie, rayonnant du plexus solaire, parcourt le corps tout entier des pieds à la tête, en imprégnant tous les organes, les os, les tissus jusqu'aux plus petites cellules. Réalisez l'image de la Force-Vie parcourant tout votre corps, laissant partout sur son passage une douce chaleur, comme si un sang plus chaud courait dans les vaisseaux, pendant tout le temps de l'expiration et du repos précédant la respiration suivante.

Faites 20 respirations consécutives.

Cette séance peut remplacer celle que vous faisiez sur la chaise et alors vous devez dire, d'abord la prière, puis faire ensuite les exercices de culture psychique.

Pratiquez pendant trois mois, au moins, cet exercice de respiration suivis de concentration de pensée sur les différents sujets indiqués ou en alternant suivant vos convenances personnelles.

Mais n'oubliez pas de dire chaque fois la prière et surtout de *mettre en pratique* les idées de devoir, d'amour, et de pardon, sur lesquelles vous avez médité. Chaque jour des occasions se présenteront à vous pour pratiquer ces vertus ; ne les laissez pas échapper. Pratiquez-les avec fermeté, aussi difficile que la chose puisse vous paraître !

QUATRIÈME LEÇON

MAGNÉTISME

Qu'est-ce que le Magnétisme.

Le magnétisme est une force fluidique qui émane ou rayonne de tout être vivant, et même de toute substance minérale.

C'est une transformation de la Force-Vie absorbée par le corps et modifiée par lui, au point de devenir un fluide différent pour chaque corps et de porter le cachet de sa personnalité.

L'Aimant.

Le rayonnement magnétique des minéraux a pour type *l'Aimant,* dans sa curieuse propriété d'attirer le fer. L'homme a su, dans ces dernières années, utiliser cette force aussi immense qu'infinie, et créer avec elle des moyens de traction très puissants et peu coûteux, ainsi qu'une source inépuisable de lumière.

Il suffit, en effet, de faire tourner un aimant devant des plaques de fer pour qu'un courant électrique se développe. Aussitôt recueilli, il peut être utilisé indifféremment comme force motrice ou comme source d'éclairage.

Ceci prouve la transformation des forces dont nous avons parlé dans la deuxième leçon, et que la Science a su *canaliser la Force-Vie à travers l'aimant,* pour l'appliquer au bien-être matériel de la Société.

Polarisation du Fluide Magnétique ; ses Couleurs.

Mais si le magnétisme rayonné par les autres substances n'est pas aussi facile à démontrer qu'avec l'aimant, il n'en existe pas moins, et tous les sensitifs voient dans l'obscurité, une flamme bleuâtre se dégager d'une extrémité — pôle positif — et une flamme rougeâtre de l'autre extrémité — pôle négatif. — Tous les corps sont donc polarisés comme l'aimant.

Antipathies Magnétiques.

Les couleurs ne varient pas, mais les propriétés varient. Ainsi certaines personnes ne peuvent supporter le contact de certaines pierres précieuses ou de certains métaux, tandis que ces mêmes pierres ou métaux produisent une sensation de bien-être chez d'autres personnes.

Nous avons connu une dame qui ne pouvait supporter la vue ou le contact d'un morceau de cristal de roche ; si elle voulait persister à en garder un morceau dans la main, elle ne tardait pas à s'évanouir. Une autre personne de notre connaissance se trouvait mal au contact d'une pomme.

Ce sont des effets d'antipathie magnétique contre lesquels il n'y a rien à faire, mais qui sont pour nous un enseignement, une démonstration expérimentale du rayonnement fluidique des corps inanimés.

Magnétisme Humain.

Si, de ceux-ci, nous passons aux corps vivants, les phénomènes de sympathie ou d'antipathie sont bien plus marqués, quoique dûs à la même cause.

Les sensitifs voient le corps humain dégager une lueur bleue de la tête et de tout le côté droit, et une lueur rouge de tout le côté gauche et des pieds. Le corps humain est donc polarisé de la façon indiquée par la couleur du rayonnement ; pôle positif : tête et côté droit ; pôle négatif : pieds et côté gauche. Ce qui est curieux à constater, c'est que la polarité est inverse chez les gauchers.

Notre corps rayonne donc continuellement des effluves magnétiques. Ces effluves vont impressionner les personnes que nous approchons et cette impression est agréable, indifférente ou désagréable.

Il est des personnes dites « antipathiques » dont la présence provoque un réel malaise dans une réunion, d'autres au contraire dites « sympathiques » répandent autour d'elles une sensation de joie et de bien-être.

Ceci démontre la vérité de ce que nous disions au début de cette leçon, c'est-à-dire que : « La « Force-Vie absorbée par un corps est modifiée « par son passage en lui au point de devenir un « fluide différent pour chaque corps, et de por- « ter le cachet de sa personnalité. »

Si nous insistons sur cette transformation, c'est qu'elle offre pour nous un immense intérêt.

En effet, à mesure que, par la « culture psychique » nous deviendrons foncièrement meilleurs, la Force-Vie, que nous absorberons, rayonnera autour de nous en portant le cachet de notre bonté, de nos sentiments d'amour, de dévouement, de charité, envers nos semblables et provoquera un véritable courant de sympathie autour de nous

Les personnes disposées au bien seront attirées, celles portées vers le mal seront mal à l'aise, quoique attirées aussi.

Magnétisme Curatif.

Mais c'est surtout dans le traitement des maladies que la qualité du rayonnement magnétique est importante.

Si vous voulez imposer la main sur un malade, en vue de le soulager ou de le guérir, il faut :

1° que votre corps soit en bonne santé ;

2° que votre esprit soit porté au dévouement, que votre cœur soit plein d'amour et de charité.

En effet, si votre corps est malade vous ne pourrez transmettre qu'un fluide portant l'empreinte de votre maladie, et si, au lieu d'agir par bonté et compassion, vous agissez par orgueil, pour faire montre de vos pouvoirs, vous risquez de manquer votre but et de provoquer chez le patient une crise de souffrance.

Ce n'est pas par la *volonté*, ni par la *suggestion*, que vous devez agir mais par le *désir* de faire du bien, aidé par la prière aux êtres invisibles qui nous entourent et sont toujours prêts à nous seconder.

La prière est une force qui élève l'âme, et qui attire non seulement les forces invisibles qui vibrent à l'unisson avec elle, mais aussi des entités supérieures à elle et exclusivement au service de l'Amour Divin : les Anges.

Comment soigne-t-on un Malade
par le Magnétisme.

Le cadre de notre ouvrage ne nous permet pas de donner ici un cours de thérapeutique magnétique.

Nous nous limiterons à la description de quelques procédés, très simples, pour calmer une douleur, la fièvre, et pour fortifier les faibles et les enfants. Nous restons à la disposition des personnes qui s'intéressent plus particulièrement à la question, soit pour leur indiquer un procédé spécial pour telle ou telle maladie, soit pour leur faire connaître les ouvrages à consulter pour approfondir cette étude.

Si vous vous trouvez en présence d'une personne souffrante, approchez-vous d'elle, parlez-lui avec douceur, demandez-lui où elle a mal, depuis combien de temps elle souffre et si elle désire que vous essayez de la soulager. Dans l'affirmative, vous appliquerez la main ouverte sur le point douloureux et vous concentrez votre pensée sur le désir de soulager le patient.

Sous l'influence de ce désir, la Force-Vie que vous avez emmagasinée dans votre plexus solaire est mobilisée et, suivant les filets nerveux, sort de nous par la main que vous avez imposée sur la partie souffrante sous forme de fluide magnétique, et vient rétablir l'équilibre dans la circulation fluidique ou nerveuse du patient. Au bout de 5 à 10 minutes d'application de la main, la douleur s'atténue ou même disparaît complètement.

Ce résultat obtenu, vous retirez votre main et vous la repassez trois ou quatre fois sur la partie malade, en la frôlant légèrement, pour rompre le courant.

Dans le cas d'une grande faiblesse, sans douleur spéciale, appliquer une main sur la tête et l'autre au creux de l'estomac pendant 5 ou 10 minutes.

Habituellement le patient sent une douce chaleur l'envahir et la circulation du sang s'accélérer, ce qui donne une sensation de bien-être toute particulière et qui invite au sommeil.

Si le sujet s'endort, le laisser dormir, ne pas chercher à le réveiller. Le réveil se fera spontanément.

Contre la Fièvre.

Voici un procédé qui peut soulager un malade atteint d'une forte fièvre : trempez vos mains dans de l'eau fraîche, légèrement vinaigrée si possible, et faites, avec vos mains humides, des passes lentes de la tête aux pieds du malade couché dans son lit. Il n'est pas nécessaire de le découvrir, et les mains doivent rester à la distance moyenne de 12 à 15 centimètres du corps du patient.

Après 10 ou 15 minutes de passes, pendant lesquelles on mouille les mains dès qu'elles sont sèches, le fiévreux ressent un courant frais qui le soulage beaucoup, et la fièvre diminue d'intensité.

Pour les Maladies des Enfants.

Presque toutes les maladies des petits enfants, de 0 à 2 ans, peuvent être guéries par le procédé, donné plus haut, contre la faiblesse, c'est-à-dire l'application d'une main sur la tête et l'autre sur le creux de l'estomac, pendant 10 minutes, deux ou trois fois par jour. Avis aux mères de famille ?

Ce conseil vaut pour elles plus que le prix de ce volume.

Qu'elles appliquent ce procédé à leurs enfants dès le début d'une affection quelconque, grave ou bénigne, elles seront émerveillées du résultat.

L'amour maternel, si plein de dévouement, de désintéressement, est une des formes de l'Amour Divin. Il est une source puissante de magnétisme, fâcheusement ignorée de tous et qui doit être utilisée pour le grand bien des petits enfants.

Cet appoint de Force-Vie qui leur sera donné,

aidera la nature à lutter victorieusement contre le mal, activera la croissance du corps et le développement de l'intelligence chez les enfants débiles et chétifs.

Point n'est besoin pour les pères et mères d'avoir suivi les leçons antérieures de notre Culture Psychique pour pouvoir imposer les mains sur leurs enfants. Il suffit qu'ils soient en bonne santé; l'amour est le levier qui mettra en mouvement la force magnétique.

Après chaque séance, avoir soin de bien se laver les mains à grande eau.

Vous voilà maintenant devenue une personne magnétique, capable de faire beaucoup de bien, de soulager beaucoup de souffrances autour de vous.

Ne perdez pas les occasions d'user de vos pouvoirs bienfaisants et faites-le toujours avec simplicité, douceur et désintéressement.

Plus votre cœur débordera d'amour, plus vous aurez de puissance magnétique, et il viendra un moment où vous guérirez des malades presque instantanément, surtout lorsque ceux-ci, de leur côté, auront une *foi* entière dans votre puissance curative.

Respiration.

Les exercices de respiration doivent être continués comme dans la leçon précédente, toujours précédés de la prière et suivis des exercices de Culture Psychique : examen de conscience, arrachement des dernières racines de l'égoïsme, méditation sur le devoir, l'amour et le pardon.

Pendant cette leçon, qui doit durer trois à quatre mois, et au cours de laquelle vous devrez vous exercer à développer vos facultés magnétiques, vous devez pratiquer fréquemment la concentration de pensée sur : *Pouvoir de guérir*.

CINQUIÈME LEÇON

**CLAIRVOYANCE. — PSYCHOMÉTRIE
LUCIDITÉ**

Où en sommes-nous ? Faisons notre inventaire.
— Nous voici déjà bien avancés dans notre *Culture Psychique*: voyons donc de résumer les qualités acquises.

Faisons le tour de notre jardin pour constater qu'il est bien entretenu, que les mauvaises herbes sont soigneusement arrachées, et qu'il y pousse de belles fleurs aux vives couleurs, aux parfums pénétrants, qui nous charment et font éclater notre admiration !.

Quel changement s'est produit dans ce pauvre jardin de jadis, plein de ronces et d'épines !

Voilà le fruit de votre travail persévérant. Vous avez laissé de côté quelques jouissances matérielles qui plaisaient au corps, mais qui étaient fugaces et stériles, quand elles n'étaient pas nuisibles à votre santé et à votre évolution.

Vous êtes rentré en vous-même, vous avez développé vos vertus, en pensées, en paroles et en actions et vous êtes devenu un homme fort ayant mis toute son énergie au service de l'âme.

Vous voici le maître chez vous ; vous ne permettez plus à aucune mauvaise pensée d'orgueil, de colère, de haine ou de vengeance de pénétrer en vous-même, ou, si par un moment de faiblesse une telle pensée s'empare de vous, vous savez et pouvez la réprimer et la chasser.

Vous avez su vous construire un *caractère* immuable, qui ne se laissera plus influencer par les choses extérieures qui chercheraient à vous détourner de votre route.

De nouveaux et brillants horizons s'ouvrent devant vous et vous attirent ; vous savez que tout ce précieux bagage de vertus que vous grossissez chaque jour restera *éternellement* votre propriété, car la mort elle-même, ne peut vous l'enlever ; ce trésor appartient à votre âme, à votre *moi supérieur*, et il le suivra dans sa nouvelle résidence.

Si l'âme était appelée à revivre dans un nouveau corps, afin de se perfectionner par son passage à travers de nouvelles épreuves, les réserves seront toujours là pour la soutenir et la guider dans son nouveau voyage sur l'océan de la vie.

Qu'est-ce que la vie ? — La vie c'est la grande école où les âmes viennent apprendre à se connaître elles-mêmes.

Dès que l'âme a compris le but de l'existence, qu'elle est sortie de l'ignorance qui faisait son malheur, un grand changement s'opère forcément dans sa manière de vivre.

Elle a compris que les souffrances viennent des souffrances que nous avons nous-mêmes infligé aux autres, car le mal engendre le mal, la haine engendre la haine, et la colère attire la colère. Elle a compris aussi que le bien engendre le bien, que le pardon engendre le pardon et que l'amour attire l'amour.

Elle a vite fait de choisir le sentier de l'*amour* qui conduit à la *vraie vie !*

Suivons-le donc ce sentier, avec entrain, avec courage, mais sans oublier un instant que, dès ce jour, nous nous mettons au *service de l'amour divin* et que, *ce que nous recevons, ce sera pour le donner* à nos frères moins heureux, pour les tirer de leur ignorance et les mettre dans la bonne voie.

Vous ne recevrez d'amour qu'autant que vous en dépenserez, car l'amour *ne se thésaurise pas*.

La source en est partout, et quiconque peut y puiser aussi largement qu'il le désire.

Clairvoyance.

Nous disions donc, au début de cette leçon, que nous commencions à être assez avancé dans la *Culture Psychique*. Nous avons constaté que les vertus ont germé, se sont développées et ont fleuri notre jardin, et notre corps, s'étant aussi purifié et affiné, peut servir maintenant à la manifestation d'une faculté nouvelle la : *Clairvoyance*.

La clairvoyance est la faculté de voir ce qui est invisible à l'œil physique, même armé des plus puissants instruments connus.

Le *voyant* ne voit pas, en effet, avec ses yeux, car ceux-ci ne peuvent voir que sur le plan physique ; il voit avec les yeux de son corps astral, et voit alors seulement ce qui est visible sur le plan astral. Mais, comme il est *conscient* de ce qu'il voit, il communique ses impressions au cerveau, qui peut en rendre compte.

Psychométrie.

C'est cette vision sur le plan astral qui prend le nom de *psychométrie*.

Cette faculté est quelquefois un don naturel, mais alors c'est qu'elle a été déjà exercée dans des existences antérieures, car la loi est inflexible : *rien n'est donné, tout est acquis*. Elle peut aussi être provoquée chez certaines personnes plongées dans le sommeil magnétique ; enfin, après un entraînement spécial plus ou moins long, suivant les aptitudes du sujet, on peut l'acquérir et voici de quelle façon :

Retirez-vous dans votre chambre, faites une demi-obscurité, asseyez-vous dans un fauteuil, et tenez dans une main un objet ayant été porté, ou une mèche de cheveux ayant appartenu à une personne connue ou inconnue.

Les yeux doivent rester *fermés*, et l'on attend, soit qu'une image se forme, soit que des sensations soient ressenties.

Si une autre personne assiste à la séance, on la prie de noter les impressions reçues. Si on est seul, on les grave dans la mémoire pour les noter ensuite dans leur ordre de succession.

Il faut quelquefois attendre une heure, même deux, pour ressentir ou voir quelque chose, c'est dire que l'apprentissage est long et demande beaucoup de patience; mais une fois les premiers résultats obtenus cela va beaucoup plus vite.

Nous conseillons aux débutants de placer l'objet, s'il est mince ou plat, ce qui est le cas pour une mèche de cheveux, sur le front et de l'y maintenir à l'aide d'un bandeau. On fait cette petite opération au moment de se mettre au lit et on attend, les yeux fermés. Si l'on s'endormait de suite, il est probable qu'on verrait, comme en rêve, des images de faits se rapportant à la personne auquel l'objet à appartenu.

Si la personne psychométrisée est souffrante, on peut ressentir les principaux symptômes de sa maladie et en faire un diagnostic assez exact; si elle est triste, on éprouvera de la tristesse, et de la joie, si elle est gaie ou heureuse. Ici ce n'est pas encore de la *vision*, c'est de la *perception astrale*; mais la vision peut se produire en même temps, et alors, devant les yeux fermés, vous pouvez voir, par exemple, le portrait de la personne en expérience, bien que vous ne la connaissiez pas.

Plus tard vous pourrez voir l'*aura* d'une personne.

Qu'est-ce que l'Aura ?

L'Aura est une condensation des couleurs astrales autour de notre corps. Cet aura est ovoïde et notre corps y est enfermé comme dans un œuf gigantesque, multicolore.

Nous possédons tous un aura, et en le voyant, un psychomètre peut nous décrire notre caractère, nos aptitudes et notre degré d'évolution.

Comment cela peut-il se faire, direz-vous ? La matière astrale se colore diversement suivant nos pensées, nos désirs, nos passions. En connaissant les couleurs auxquelles ces sentiments se rapportent, on comprend aisément qu'à première vue on puisse juger du caractère d'une personne.

Quand nous parlions de fleurs aux vives couleurs qui ornaient notre jardin, vous le voyez, ce n'était pas seulement une figure de rhétorique ; ces couleurs existent réellement, et vous êtes à même de pouvoir les voir bientôt.

L'Extériorisation du Corps Astral; ses Dangers.

Vous entendrez dire ou vous lirez que certaines personnes s'extériorisent et vont faire des voyages dans le plan astral ou dans d'autres plans plus élevés.

La chose est vraie, mais nous ne vous conseillons pas de tenter l'expérience, qui offre de graves dangers, à moins que vous ne soyez conduit et protégés par un *Maître*.

Quels sont ces dangers? Les voici :

1° Il y a danger à laisser le corps sans son maître ; une entité mauvaise peut profiter de l'occasion pour entrer dans la place, y demeurer et cohabiter ensuite avec vous et troubler toute votre existence. Ainsi s'expliquent les nombreux faits de double personnalité, scientifiquement établis.

2° Une fois seul sur le plan astral, vous pouvez y voir des choses terribles qui peuvent vous troubler et vous faire souffrir beaucoup, si vous ne savez pas écarter et chasser ces formes effrayantes qui cherchent à vous nuire.

3° Danger de ne plus savoir revenir dans le corps momentanément abandonné, et qui peut mourir.

Contentez-vous donc de voir ce que vous pourrez sans sortir de votre maison. Soyez excessivement prudent.

Respiration.

Les exercices de respiration, toujours précédés de la prière, doivent être constamment pratiqués aux mêmes heures et suivis des exercices de concentration de pensée ou de méditation. Continuez à mettre en pratique les idées de Devoir, d'Amour et de Pardon, et à rejeter, à chasser toutes les autres qui n'ont pas un but humanitaire.

Critérium d'Avancement.

Vous devez maintenant être capable de rester, non plus 14 secondes mais bien 150 secondes sans penser à rien. Cette faculté marque un deuxième pas dans votre puissance de contrôle sur vous-même.

Prenez-en bonne note.

SIXIÈME LEÇON

LONGÉVITÉ

A mesure que, par l'exercice continu de toutes les vertus l'âme, se dégage de la gangue qui l'emprisonnait, la faculté de voir dans les plans supérieurs s'accroît.

En même temps le corps, nourri plus sainement et constamment fortifié par le courant intense de Force-Vie déterminé par la respiration rythmique quotidienne, devient pour l'âme un temple digne d'elle et à travers lequel elle peut mieux manifester ses facultés.

Le besoin de nourriture se fait beaucoup moins sentir et l'on peut se contenter de lait, de céréales et de fruits.

Rien d'impur ne pénétrant plus dans le corps, tous les tissus se sont régénérés, ils se sont débarrassés des détritus ou résidus qui les encombraient et les voici reconstitués avec des matériaux nouveaux, purs, exempts de mauvais principes et fortement imprégnés de Force-Vie.

Le corps ainsi renouvelé est redevenu plus jeune, plus souple, plus beau. Le teint est clair, les yeux ont un regard plein de vie, de douceur, et de bonté. La démarche est plus légère, le corps paraissant moins lourd.

Combien faut-il de temps pour que tous les Tissus du Corps soient changés ?

Les théosophes disent *sept ans*, les savants américains disent *onze mois* — pas même une année ! Il est vrai que chez eux tout marche à la vapeur ou à l'électricité, et que peut-être aussi les échanges moléculaires se font plus rapidement.... Dans notre vieille Europe il est impossible que les choses se passent aussi vite, et c'est bien plusieurs années qu'il faut pour accomplir un tel travail de reconstitution organique.

Il est vrai qu'on peut le hâter beaucoup en faisant passer la Force-Vie par tous les organes, tous les membres et tous les tissus du corps pendant la pratique de l'exercice de respiration spécial décrit à la page 195, et en concentrant sa pensée sur l'idée de *Rénovation du Corps* et sur *Santé*.

Longévité scientifiquement et pratiquement possible.

Au point de vue purement scientifique, la longévité est parfaitement possible.

Par un régime soigneusement approprié, une vie calme et régulière, il est certain qu'on peut entretenir son corps en forme et en santé, pendant une période de temps bien supérieure à la moyenne connue; le fait peut être constaté tous les jours, il y a des centenaires dans tous les pays.

En aidant la nature au moyen du courant de Force-Vie et de la concentration de pensée, on peut reculer presque indéfiniment l'apparition des signes de vieillesse et de décrépitude. On peut donc acquérir une longévité extraordinaire, si extraordinaire même que certains auteurs — américains, encore — affirment la possibilité de l'*immortalité* du corps physique humain.

Une machine capable de réparer journellement l'usure produite par son fonctionnement, ne peut-elle marcher pour ainsi dire indéfiniment?

Ce qu'on ne peut obtenir d'une machine inanimée, on peut le demander à une machine douée de vie comme notre corps.

Nous pouvons, en utilisant les moyens indiqués dans les leçons précédentes, limiter la dépense des forces en menant une vie très régulière; éviter l'encombrement en prenant une nourriture exclusivement végétale; l'alimentation carnée et les boissons alcooliques étant une source de poisons lents qui attaquent sourdement, insidieusement l'économie, quant elles n'y déchaînent pas de ces orages terribles, tel que fièvre typhoïde et autres!

Hygiène et *régime,* voilà donc les moyens à la portée de tout le monde pour arriver à la longévité.

Nous avons, nous, à notre disposition d'autres moyens qui, tout en s'appuyant sur les deux premiers, nous permettent d'obtenir beaucoup plus.

Grâce à la respiration rythmique, nous faisons d'abord une large provision de Force-Vie que la nature emploie à entretenir le corps en bonne santé, c'est-à-dire en bon état de réparation. Car, non-seulement cette force stimule les muscles et les organes, mais encore elle est une véritable nourriture pour eux. Vous en aurez la preuve plus tard quand vous aurez pratiqué la respiration transcendante pendant plusieurs mois ; en effet, vous n'aurez plus besoin d'absorber autant de nourriture pour vous nourrir, et plus vous irez, moins il en faudra.

Grâce encore à la faculté de *perception intérieure,* vous pouvez passer en revue tous vos organes, et envoyer à ceux qui sont malades ou fatigués, un courant plus prolongé de Force-Vie de façon à les entretenir en parfaite santé.

Au moyen de la concentration de pensée, vous pouvez avoir beauté, jeunesse et bonheur.

L'Immortalité physique paraît possible.

Que peut-il vous manquer pour vivre parfaitement heureux aussi longtemps que vous voudrez, car, sauf un accident, on ne voit pas ce qui pourrait venir détruire une vie aussi bien équilibrée, et assise sur des bases tellement solides, que l'*immortalité physique* ne semble pas devoir être un vain mot !

Reste à savoir si elle paraît avantageuse ou seulement utile. Voilà la question. Quant à nous, nous ne le pensons pas. Nous croyons qu'il peut être bon de prolonger une existence, si cette existence est utile à l'humanité, à un pays, à une société, ou même à une famille. Mais il arrive fatalement un moment où un changement se fait sentir, et quand on *sait* ce qui nous attend dans l'au-delà, après une vie consacrée au devoir et à l'amour, on y va avec bonheur !

Nous n'en dirons pas davantage ; qu'il suffise de dire, pour justifier le titre de cette leçon, que les moyens que nous indiquons sont suffisants pour arriver à une longévité aussi grande que celle de nos ancêtres les plus éloignés. Nous ajouterons que, par atavisme, cette longévité que nous avons perdue, nous pourrions la retrouver d'une façon générale.

Longévité pour tous. — Éducation des Enfants.

Il suffirait qu'on apprît aux enfants à respirer convenablement et qu'on les nourrisse avec les aliments purs indiqués plus haut, qu'on leur inculque les idées d'amour, de devoir, de pardon, et qu'on leur apprenne à les pratiquer surtout par l'*exemple*.

Oui, l'exemple ; nous oublions trop souvent que c'est le meilleur et le plus sûr moyen d'éducation de nos enfants.

Si les enfants ne nous écoutent pas ou ne nous obéissent pas, c'est qu'ils voient et comprennent que ce que nous exigeons d'eux nous ne le faisons pas nous-mêmes.

L'enfant est doué d'une immense faculté d'imitation et d'assimilation, et c'est en lui donnant constamment de bons exemples qu'il peut être lancé dans la vie bien armé pour *faire le bien* et travailler à son *évolution*.

Un petit livre contenant les premiers principes de la respiration, de gymnastique simple sans appareils, d'hygiène alimentaire et expliquant pourquoi et comment on doit s'*aimer les uns les autres* pourrait être fait et distribué gratuitement — ou vendu au prix minime de cinq ou dix centimes — aux élèves de toutes les écoles de France, et cela tous les ans à la rentrée des classes. Les maîtres d'une part, les parents de l'autre, pourraient faire faire les divers exercices de respiration et de gymnastique, veiller à l'alimentation et expliquer, faire bien comprendre aux enfants les principes de morale, et tenir la main à ce qu'ils les mettent en action journellement avec le même soin que les exercices physiques.

Ce petit livre constituerait le commencement d'une ère de *Culture physico-psychique intensive, nationale*, qui ne tarderait pas à devenir *internationale* ou *mondiale*, à la suite des résultats surprenants et indéniables qui seraient bientôt constatés, et qui, allant en augmentant de génération en génération, amènerait une véritable régénération de l'homme individuel d'abord, de la Société ensuite, et enfin de l'Humanité tout entière !

Nous nous mettons à la disposition du ou des philantropes fortunés qui voudraient faire les frais de cette magnifique campagne de *rénovation sociale et humaine.*

Voici une *œuvre méritoire* à accomplir, et qui

annoblirait, mieux que tous les titres, les personnes qui voudraient y consacrer du temps et de l'argent.

L'idée est semée ; espérons qu'elle germera bientôt et qu'elle portera de beaux fruits !

Pour toucher au But.

Nous avons vu, dans le cours de cette leçon, que les exercices de respirations transcendante ou rythmique doivent être toujours continués pour maintenir le corps en parfaite santé et arriver à la *longévité*. Ils ne doivent d'ailleurs jamais plus être perdus de vue ; il font partie des nécessités de la vie comme la nourriture et le sommeil.

Un dernier exercice de concentration de pensée nous reste à faire pour arriver à l'état le plus élevé qui nous soit connu, celui de *superconscience*.

Comme deuxième degré d'avancement nous avions vu qu'il fallait pouvoir rester 150 secondes sans penser à rien.

Comme troisième et dernier degré, il faut pouvoir concentrer pendant *3 heures* sur *amour*, sans qu'aucune autre pensée puisse venir — ne fut-ce qu'un instant — troubler votre méditation. Jusque-là vous ne pouvez pas vous déclarer maître absolu de votre pensée.

Voilà à quoi il faut nous exercer pour pouvoir goûter les félicités et user des pouvoirs annoncés au commencement de ce volume, et décrits dans la leçon suivante qui est la septième et la dernière.

SEPTIEME LEÇON

SUPERCONSCIENCE. — APOTHÉOSE

Avez-vous suivi tous nos conseils pendant des mois, des années ? Par un travail continu, patient, persévérant, exécuté avec une sage lenteur, vous êtes parvenu à maîtriser votre corps et votre esprit qui sont devenus les fidèles serviteurs de l'âme.

L'*Amour* a été votre guide constant ; il a dicté tous vos actes ; il a nourri toutes vos pensées, et vous avez répandu et répandez encore autour de vous des bienfaits innombrables. Vous avez guéri des maladies physiques, des maladies morales ; vous avez su consoler bien des chagrins, calmer bien des souffrances ; sécher bien des larmes.

Vous avez ramené dans le droit chemin bien des êtres égarés dans les ténèbres de l'Ignorance. Vous avez allumé en eux l'étincelle de vraie lumière qui sera désormais leur guide et leur sauvegarde.

L'État de Superconscience.

La Superconscience c'est l'état de communion intime de l'Esprit avec l'âme enfin dégagée des liens qui l'emprisonnaient et l'empêchaient de manifester les pouvoirs qui étaient en elle, à l'état latent, et qui sont une preuve de son *origine Divine*.

Dans cet état de superconscience, l'âme qui possède tout savoir, le communique à l'esprit qui est devenu *un* avec elle, et l'omniscience peut désormais se manifester à travers le corps entièrement purifié par l'entraînement méthodique suivie jusqu'ici.

Aussi vous pouvez voir maintenant ce qui est caché aux profanes, le passé, le présent, l'avenir; vous sentez se développer en vous-même des pouvoirs de plus en plus étendus sur la nature.

Vous savez vaincre les lois de la pesanteur, vous élever dans les airs ou marcher sur les eaux.

Vous pouvez agir sur les éléments, calmer la tempête; vous pouvez comprendre et parler toutes les langues, et guérir toutes les maladies.

Vous jouissez d'un bonheur sans mélange, parce que la *Paix de Dieu* est en vous.

Vous êtes tout amour et l'amour, vous entoure et vous protège contre tout mal.

Faut-il exercer tous ces Pouvoirs?

Mais vous n'exercerez de ces pouvoirs que ceux qui ne troubleront pas l'ordre naturel établi par la Loi, car vous êtes devenu vous-même une parfaite manifestation de cette Loi ; à moins que de tels actes ne soient rendus nécessaires par des circonstances absolument exceptionnelles, comme celles qui firent agir Jésus-Christ quand lui-même accomplit tous ces faits considérés comme des miracles.

Combien de temps Jésus a-t-il mis pour sanctifier son corps matériel et le rendre capable de manifester sa Divinité ? Car en s'incarnant Il a voulu subir toutes les lois naturelles pour nous montrer la marche à suivre.

Jésus disparut de la scène du monde vers l'âge de 12 ans. A cette époque, Il étonnait déjà les docteurs de la Loi par la largeur et la nouveauté de ses idées philosophiques. Il a dû aller conférer avec les savants de l'Egypte ou de l'Inde et accomplir l'entraînement physico-psychique nécessaire à la manifestation de ses pouvoirs Divins. C'est alors qu'il reparut vers l'âge de 30 ans pour accomplir sa mission si haute et si douloureuse sur la terre.

C'est donc un travail de 18 années qui lui fut nécessaire pour parvenir à ce but.

D'autre part, combien de temps mirent les Apôtres, sous la direction de leur divin Maître, pour acquérir les pouvoirs qui leur furent accordés le jour de la Pentecôte ? Environ trois années, mais leur évolution fut terminée tout d'un coup par la descente de l'*Esprit*.

Remarquons que Jésus n'a pas choisi ses disciples parmi les savants et les riches. Pourquoi ? Parce que l'homme pauvre et ignorant sait mieux vivre par le cœur, il est plus accessible à l'amour. La science et la richesse développent fatalement l'orgueil et l'égoïsme, et ces défauts rendent le cœur sec et difficilement accessible à l'*Amour*.

A quoi servent donc ces pouvoirs si l'on ne doit pas s'en servir ? Il doit nous suffire de les connaître ; le fait de vouloir les donner en spectacle au public ignorant, qui ne les comprendrait pas ou qui s'en amuserait seulement, serait une grande faute et montrerait que la vanité fleurit encore dans votre jardin.

Contentez-vous de multiplier autour de vous les bienfaits de l'Amour; voilà quel doit être le but unique de votre existence. D'autres personnes ayant la même mission seront attirées vers vous, elles se joindront à vous et vous continuerez ensemble votre œuvre commune de bienfaisance humanitaire, en versant des torrents d'amour et de lumière sur toutes les manifestations de l'égoïsme et de l'ignorance.

Apothéose.

N'est-ce pas là le vrai et le seul moyen de se rapprocher le plus de Dieu, que de puiser constamment en Lui-même l'amour et la lumière ?

Et n'est-ce pas une véritable apothéose pour une vie humaine que d'atteindre un but si élevé ? Quoi de plus beau que de vivre dans cette atmosphère d'amour divin qui resplendit dans la vraie lumière, celle qui jaillit de Dieu Lui-même, le Soleil des Soleils, que seuls les élus peuvent contempler. Cette lumière qui nous pénètre, rayonne autour de nous comme un nimbe lumineux visible par les sensitifs, et qui a toujours été si bien une marque de supériorité morale, de sainteté, que les peintres de tous les pays ont placé ce nimbe autour de la tête des personnages divins des anges ou des saints.

A tous nos lecteurs, nous souhaitons cette apothéose.

Derniers Conseils.

Mais combien posséderont le courage, la persévérance inlassables nécessaires pendant des années pour y parvenir?

On commence avec enthousiasme, trop d'enthousiasme même, et puis l'on est vite fatigué de veiller sur tous ses actes, toutes ses paroles, toutes ses pensées; de réprimer tous les désirs du corps, les pensées de colère, de vengeance, celles d'orgueil, de vanité, d'égoïsme? Le labeur est dur et de tous les instants, direz-vous, et finalement quel bénéfice nous en reste-t-il?

Si vous ne voulez travailler en somme que pour vous-même, mieux vaut ne pas commencer, car vous agiriez dans un but de vanité, d'orgueil, avec le désir intime d'être plus que les autres et de faire valoir votre supériorité.

En ce cas il vaut mieux vivre votre vie ordinaire, car en acquérant des pouvoirs extraordinaires vous endossez également des responsabilités retoutables, et vous pourriez vous trouver plus malheureux qu'avant.

Si vous voulez devenir un SAGE, sachez bien, que vous ne devez pas travailler pour vous même, mais pour le service de l'humanité, pour être *un agent de l'amour divin* sur la terre.

Mais si vous ne vous sentez pas encore de taille à accomplir ce *sacrifice,* restez simplement honnête homme. — *Heureux les simples d'esprit,* a dit Jésus-Christ, *car le royaume des cieux leur appartient.*

Les *simples d'esprit* ne sont pas des imbéciles, ce sont ceux qui ont un esprit droit, homogène, qui vivent dans l'*unité* de la loi et sont succeptibles de recevoir la lumière divine. Ceux-là n'ont point d'ambitions terrestres, pas de désirs de richesses ni de sciences, mais ils vivent de la vie, simplement, en acceptant avec une sereine résignation toutes les épreuves, et ils sont bons, compatissants et secourables pour leur prochain.

Appliquez-vous donc à être *simple d'esprit* suivant la vraie signification du mot, et pratiquez sans cesse la parole de Jésus : *Aimez-vous les uns les autres !* Petit à petit vous apprendrez ainsi *à aimer Dieu par dessus toute chose,* ce qui est bien plus difficile encore, car c'est le but final de notre *évolution.*

On peut donc arriver au même but par deux voies, celle de la *science* et celle du *cœur.* Des deux, la seconde est la plus facile et la plus sûre, la première étant semée d'une foule d'obstacles et de pièges.

Le choix vous est laissé en toute liberté ; vous suivrez la route qui vous sourira le plus.

Rappelez-vous, cependant, qu'en plaçant l'homme sur la terre Dieu lui dit : *Toute la nature est à toi, mais tu ne toucheras pas à l'arbre de la science du bien et du mal.* L'homme a voulu savoir, il a violé la loi et il a appris à connaître le mal qu'il ignorait, et entraîné par lui il a roulé, éperdu, dans l'abîme de la souffrance. Quelle chute terrible !

La Science peut-elle donner le Bonheur?

La science est pleine de tentations; plus on sait, plus on veut savoir, car, derrière l'horizon qu'on vient de franchir, on en découvre toujours un autre.

Or, toute science est vaine si elle ne peut donner le bonheur à l'humanité !

Que faut-il à un peuple pour être heureux ?

Ce n'est pas la vapeur, ni l'électricité, ni surtout la poudre ni les canons.

Les progrès de la civilisation ont donné aux peuples tous les fléaux, guerres, maladies de toute espèce provenant d'une alimentation trop riche ou anti-naturelle, paupérisme, luttes économiques et, par dessus tout, le désir des richesses, pour jouir de la vie de façon plus intensive, et l'ambition du pouvoir pour pressurer et tyranniser les masses.

Retour à la Vie naturelle.

Du côté de l'alimentation, la science commence enfin à reconnaître son erreur et conseille à l'homme de vivre en plein air et de se nourrir de fruits et de végétaux, et le *camping* (vie en plein champ sous la tente) devient un sport des plus appréciés — ajoutons et des plus salutaires — pour les millionnaires et les milliardaires.

N'est ce pas un retour à la vie naturelle qui est la véritable condition nécessaire à un peuple pour être heureux ?

La loi d'Amour.

Au lieu d'une société basée sur la force et sur l'argent, il faut une société basée sur l'*Amour*.

Aimez-vous les uns les autres et vous serez tous heureux !

Vous n'aurez plus besoin de soldats, de juges, d'administrations, ni d'argent.

Un peuple uni, vit en paix sur la terre où il habite, avec les produits qu'il tire du sein de celle-ci par son travail.

Chacun donne à la société selon ses forces, et la société donne à chacun suivant ses besoins.

C'est l'idéal de la société communiste que des novateurs zélés essaient de créer par petits groupements dans tous les pays.

Ces essais sont malheureusement stériles, parceque l'*amour* qui devrait en être l'unique loi, ne règne pas dans ces groupes.

L'égoïsme, les jalousies, les rivalités ont vite fait de faire crouler le fragile édifice.

Puisque l'amour est plus fort et plus utile que la science, c'est à la conquête de l'amour que nous devons lancer l'humanité.

Il faut changer de route et marcher courageusement sur le sentier de l'Amour Divin, qui seul nous conduira sûrement vers le Bonheur, vers DIEU !

RÉFLEXIONS ET CONCLUSIONS

Notre œuvre est terminée. Elle va voir le jour, naître à la vie, affronter toutes les critiques, subir tous les jugements.

Sympathique aux uns, elle sera appréciée; antipathique à d'autres, elle sera mise de côté.

Pourtant, nous espérons fermement qu'elle ira droit au cœur de tous nos lecteurs et qu'elle y mettra la semence d'AMOUR que nous désirons y voir *germer, croître, fleurir* et *multiplier*.

Notre livre n'a rien de commun avec les nombreux traités sur le Magnétisme personnel qui surgissent de tous côtés, et dont l'Amérique a été le berceau.

Notre avis est que l'influence de ces ouvrages sur l'homme est néfaste, car ce sont de véritables monuments élevés à la glorification de l'égoïsme et de l'orgueil humains — et Dieu sait s'ils ont besoin d'être glorifiés !

On y enseigne, en effet, avec un grand luxe d'expériences, que la *volonté* ne doit servir qu'à dominer son prochain pour en obtenir tout ce que l'on désire : richesses, honneurs, satisfactions personnelles.

Nous estimons que ces procédés sont ceux de la magie noire et qu'ils attirent autour de ceux qui s'en servent des forces et des entités mauvaises. Une fois aux prises avec ces influences funestes, qui flattent nos défauts et exaltent nos mauvais penchants, qu'il est dur, lorsqu'on veut se ressaisir, de les éloigner !

C'est tout le rebours de notre *Méthode de Culture Psychique*, où nous enseignons de n'employer toute notre volonté, toute notre énergie que sur *nous-mêmes*, et cela pour développer toutes les beautés de l'altruisme et détruire toutes les laideurs de l'égoïsme !

Pour nous, voilà le seul usage qui doit être fait de la *volonté*. La volonté doit nous servir uniquement pour nous soutenir dans notre travail de régénération à la fois physique et psychique, et à en étendre les bienfaits autour de nous, non pas en imposant notre volonté aux autres, mais par la persuasion et par l'exemple.

Faites comprendre autour de vous, cher lecteur, toutes les beautés de l'amour, du devoir et du pardon ; faites briller la lumière de ces vertus aux yeux étonnés et tâchez de trouver le chemin du cœur et d'y jeter la bonne semence. Suivez et soutenez de vos conseils ceux qui vous ont écoutés, mais arrangez-vous de manière à ce qu'ils fassent tout cela *par leur propre volonté* et non par la vôtre, que vous ne devez jamais imposer.

Nous affirmons qu'imposer sa volonté à un autre homme, c'est le priver de son *libre arbitre* et, par suite, de la responsabilité de ses actions bonnes ou mauvaises.

Eveillez donc dans l'homme le *désir* de faire du bien, mais ne l'*obligez* pas à en faire. Il n'y aurait d'ailleurs aucun mérite, puisqu'il agirait par *ordre* et non par *conviction*.

Prêchons donc le Bien par l'*exemple* ; c'est la meilleure manière d'éveiller le désir, de former les convictions et d'entraîner les hommes dans le sentier de la *Vérité*, qui conduit au véritable Bonheur !

FIN

TABLE DES MATIÈRES

PREMIÈRE PARTIE

	PAGES
Préambule.....................................	5
Préface.......................................	7

CHAPITRE PREMIER

La trinité humaine. — Le but de la vie. — La maison du Père........................... 13

CHAPITRE II

La matière émanation de Dieu. — Co-éternité de la matière. — Balzac et la Divinité. — Fragment de « Séraphita »........................... 17

CHAPITRE III

L'intelligence organisatrice. — Marche incessante du progrès. — Destruction de la terre par le feu. — Date de cette destruction................. 59

CHAPITRE IV

La vie dans l'Univers. — Du soleil à Neptune. — Les demeures de la maison du Père.......... 65

CHAPITRE V

La Force-Vie. — Le corps astral. — Histoires de sorciers 83

CHAPITRE VI

Rôle joué par le corps astral dans le corps physique. — Le sommeil léthargique. — Régénération physique et occulte de l'homme. — Beauté du corps et beauté de l'âme. — Toute-puissance des pouvoirs que l'homme peut acquérir. — Le sanctuaire de la déesse..................... 103

DEUXIÈME PARTIE

LEÇON PRÉPARATOIRE

Culture Physique et Culture Psychique

Culture physique. — Culture psychique. — Qu'est-ce que l'âme. — Les forces sont invisibles. — Immortalité de l'âme. — Réincarnation de l'âme. — Notre but.................................... 113

PREMIÈRE LEÇON

CHAPITRE PREMIER

Vibration

La matière ne serait que de la force condensée. — Harmonie musicale et harmonie organique. — Respiration rythmique. — Purification du corps. — Régime 127

CHAPITRE II

Exercices de Culture Psychique

Examen de conscience. — Guerre à nos défauts. — Cultivons nos vertus. — Le corps au second plan. — L'intermédiaire entre l'âme et le corps. — Comment redevenir homme de bien. — Pouvoirs merveilleux. — Inanité des biens terrestres... 139

CHAPITRE III

**Emploi de la journée
pour les personnes qui suivent la première leçon**

DEUXIÈME LEÇON

Transformation des forces

Changement opéré. — Tentations. — Comment transformer la force d'un désir en Force-Vie. — Exercice respiratoire pour la transformation des forces. — Accumulation de la Force-Vie. — Comment on devient magnétique. — Nouveaux exercices de respiration rythmique. — Fait nouveau. — Circulation de la Force-Vie......... 157

TROISIÈME LEÇON

Concentration de pensée

Qu'est-ce que la pensée. — Concentration de pensée. — Matérialisation d'une image sur le plan physique. — Exercice de concentration. — Tout est en vous. — Il faut du temps. — Conseils. — Exercice pour la distribution de la Force-Vie dans tout le corps............................... 171

QUATRIÈME LEÇON

Magnétisme

Qu'est-ce que le magnétisme. — L'aimant. — Polarisation du fluide magnétique ; ses couleurs. — Antipathie magnétique. — Magnétisme humain. — Magnétisme curatif. — Comment soigne-t-on un malade par le magnétisme ? — Contre la fièvre. — Pour les maladies des enfants. — Respiration.................... 187

CINQUIÈME LEÇON

Clairvoyance. — Psychométrie. — Lucidité.

Où en sommes-nous ? Faisons notre inventaire. — Qu'est-ce que la vie ? — Clairvoyance. — Psychométrie. — Qu'est-ce que l'Aura ? — Tableau de la signification des couleurs astrales. — Utilité pratique de la lecture de l'Aura. — Lucidité ; seconde vue. — Pour exercer la voyance. — L'extériorisation du corps astral ; ses dangers. — Respiration. — Critérium d'avancement.... 201

SIXIÈME LEÇON

Longévité

Combien faut-il de temps pour que les tissus du corps soient changés ? Longévité scientifiquement et pratiquement possible. — Hygiène et régime. — L'immortalité physique paraît possible. — Longévité pour tous. — Éducation des enfants. — Pour toucher au but............... 217

SEPTIÈME LEÇON

Superconscience. — Apothéose

L'état de superconscience. — Faut-il exercer tous ses pouvoirs. — Apothéose. — Derniers conseils. — Les simples d'esprit. — La science peut-elle donner le bonheur ? — Retour à la vie naturelle. — La loi d'amour.................. 229

Réflexions et Conclusions.................. 24

Le Mans. — Imprimerie Monnoyer, 12, place des Jacobins. — 1908.

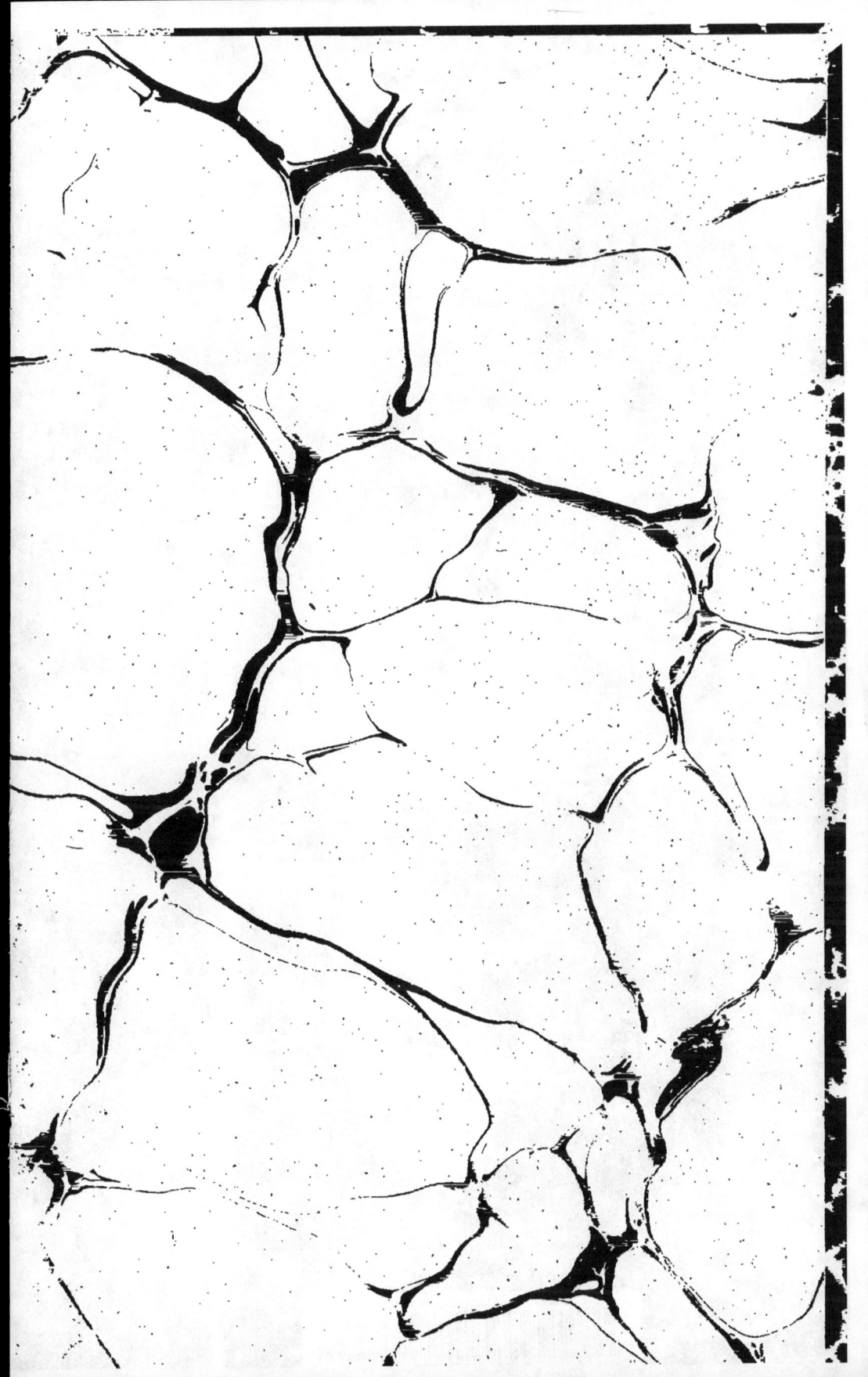

www.ingramcontent.com/pod-product-compliance
Lightning Source LLC
Chambersburg PA
CBHW050339170426
43200CB00009BA/1660